BTCの異能のチーム

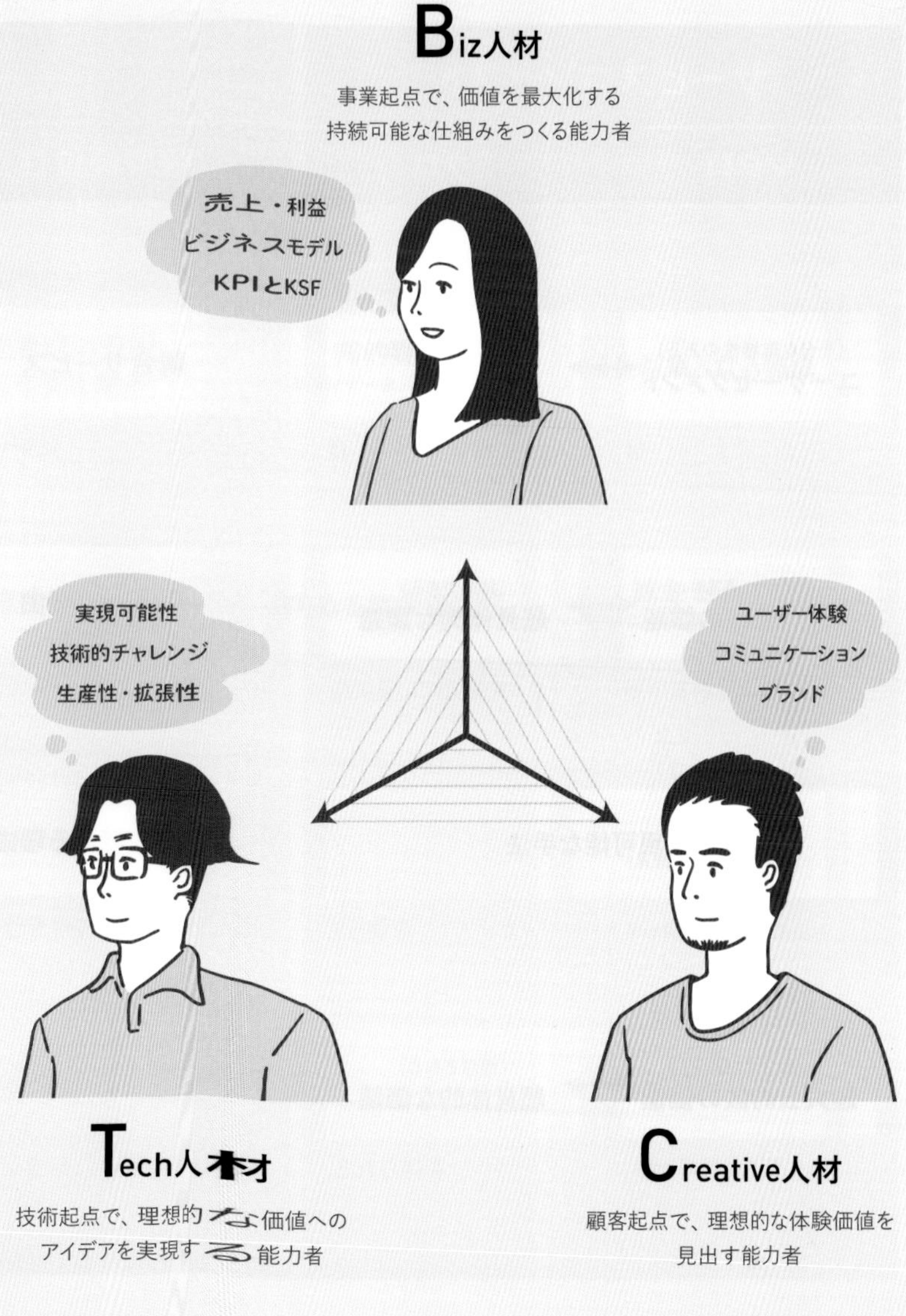
Biz人材
事業起点で、価値を最大化する
持続可能な仕組みをつくる能力者
売上・利益
ビジネスモデル
KPIとKSF
実現可能性
技術的チャレンジ
生産性・拡張性
ユーザー体験
コミュニケーション
ブランド
Tech人材
技術起点で、理想的な価値への
アイデアを実現する能力者
Creative人材
顧客起点で、理想的な体験価値を
見出す能力者

0→10を創る異能の掛け算

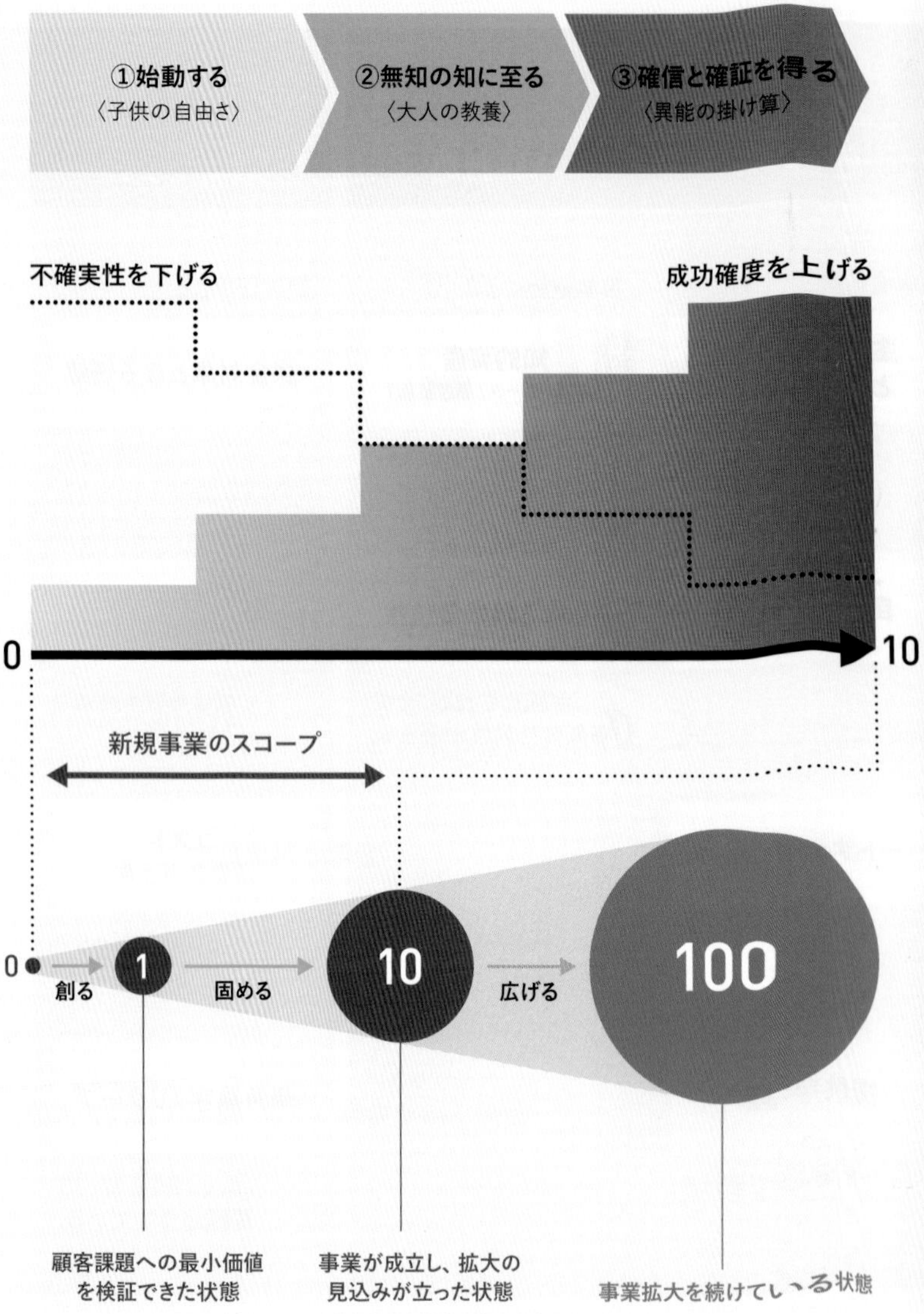
①始動する
〈子供の自由さ〉
②無知の知に至る
〈大人の教養〉
③確信と確証を得る
〈異能の掛け算〉
不確実性を下げる
成功確度を上げる
0
10
新規事業のスコープ
0
創る
1
固める
10
広げる
100
顧客課題への最小価値
を検証できた状態
事業が成立し、拡大の
見込みが立った状態
事業拡大を続けている状態

異能の掛け算

新規事業のサイエンス

井上一鷹
監修＝Sun Asterisk

NEWS PICKS
PUBLISHING

はじめに
新規事業で科学すべきは〝異能の掛け算〟である

はじめまして。井上一鷹です。

私は、「集中力」に関する著作を過去に2冊上梓してきましたが、実は集中力の専門家というのは裏（?）の顔で、職業上の本当の顔は、新規事業家であると自負しています。

新卒で戦略コンサルティングファームに入社して以来、30代後半までの社会人歴のほぼすべての時間を、新規事業開発に投じてきました。

5年：戦略コンサルタントとして、寝る間も惜しんで顧客の新規事業を考案
9年：ゼロからの企業内新規事業開発を2回（JINS MEME, Think Lab）
1年：新規事業の実践と研究（現在）
（2017年より、プロボノとして、100件以上の事業計画のメンター）

本書はひと言で言えば、そんな新規事業一筋の私が解き明かす、事業の価値創造をするための「異能の掛け算」の本です。

もう少し平たく言えば、「新規事業のチーム論と方法論の本」です。

（新規事業だけでなく、ベンチャー起業家やサービス開発、ＤＸ推進の事業部にも役立ちますが）

なぜ「異能の掛け算」か。

これから説明する異能の掛け算こそが、最前線のビジネスの立ち上げにおいて、最も汎用性が高く、レバレッジが効く、価値創造のためのスキルだからです。

本書の内容を、ざっくりお伝えするとこんな内容です。

「イーロン・マスクみたいなすごいタレントが、あなたのチームにいますか？

ではスティーブ・ジョブズはどうでしょう？　ジャック・マーは？　シェリル・サンドバーグは？　孫正義は？

……なるほど。安心してください。

新たな価値は、１人の天才ではなく、チームで創る時代です。そのチームとは、大事にするモノサシも違えば、プロフェッショナルなスキルも違う、Biz（ビジネス）／Tech（テク

ノロジー）／Creative（クリエイティブ）の〝異能〟の集まりであるべきです。
異能の人材が、〝子供の自由さ〟と〝大人の教養〟をもって、サービスコンセプト・競争戦略・利益構造のデザイン（企画・設計）とプロトタイピング（試作・検証）を繰り返せば、最速で新しい価値を創れます」

いきなり煽ってしまってすいません。雰囲気は伝わりましたでしょうか（笑）。

イーロン・マスクやスティーブ・ジョブズのような、カリスマ的な天才も、きっとこの日本のどこかに居るのだと思いますが、まだ自分のチームにいなければ、本書を読んで損はないはずです。

精神論になりがちな新規事業の「成功談」

本題の前に、そもそもなぜこの本が誕生したのか、その成り立ちをすこし説明させてください。

ありがたいことに、私自身が行ってきた新規事業の「JINS MEME」というメガネ型ウェアラブルデバイスのサービスや「Think Lab」という会員制ワークスペースのサービスは、世間に興味関心をもってもらう機会がとても多くありました。そこでＷＥＢ媒体からテレビ番組まで、１００回以上はメディアに露出し、自らの事業開発の経験を（偉そうに）語らせてもらっていました。

しかし内心はモヤモヤを抱えていました。

「新規事業はその内容ごとに課題は新しいけれど、経験を重ねると、悩むポイントや勘所には確実に鼻が利くこと」は感じていたものの、その実、事業開発の要諦を掴めているような掴めていないようなフワフワとした違和感がありました。どうにもその核心や構造が言語化しづらい。

見渡してみると、私だけでなく、事業開発の経験者が語る内容が、とにかく精神論が多いことに気づきました。成功した人たちは、〝自分が◯◯だからできた〟と表現する場合が多く（気持ちはわかりますよ。がんばりましたもんね、超がんばらないとできませんもんね、新規事業って……）、サイエンスできる部分をなおざりにしてきたのではないか、と胸に手を当てて考えるようになりました。

そんな中、私が出会ってしまったのが本書の監修となるSun Asterisk（サンアスタリスク）という会社です。

創業は2012年、上場は2020年。「誰もが価値創造に夢中になれる世界」をビジョンに、新規事業・プロダクト開発支援とIT人材のマッチングを行うデジタル・クリエイティブスタジオです。

新規事業を立ち上げる大企業や新サービスを立ち上げるベンチャーとともに、直近3年だけでも400件以上のサービス／プロダクトを開発。Biz/Tech/Creativeそれぞれのプロ人材が集って、0から1を、1から10を生み出すことに死ぬほど向き合っている。

要するに、**私の大好きな新規事業を実践・研究するのに最高の場所だった**んです。

出会いにも恵まれ、思わず研究者のような冒険者のようなマインドでSun Asteriskに参画することになりました。

さらに今は、武蔵野美術大学の山﨑和彦先生と共同研究で、新規事業のカルチャーについての普遍性を見いだすべく、LIFULLさん、マネーフォワードさん、freeeさん、Ubieさんや総合電機系などの大企業数社を含む10社を対象にインタビューを続けています。

前置きが長くなりましたが、本書はSun Asteriskの異能の仲間たちが、過去事例とともに惜しげもなくノウハウを提供し、そこで生まれた白熱した議論や産学共同研究を通じて生まれた結晶なのです。

新規事業には「チーム」と「方法」の両輪が必要である

さて、そろそろUberやZoomやStripeのような世界的ベンチャーを目指す心の準備はできたでしょうか。

え、できてない？　よかった！

その心の準備、一旦ストップしてもらって大丈夫です。

なぜなら、新規事業のような世界に挑むには、多くのビジネスパーソンがイメージするような**ド派手な事業成長や既存事業の成功体験を、アンラーニングすることから始まる**と言っても過言ではないからです。

新規事業をたくさん作ってきたと聞くと、その中で成功したものはありますか？　SpotifyやAirbnbのような誰もが知っている有名なサービスにまで成長したものはありますか？　と聞かれがちです。

最初から世界的成功をする「魔法の杖」を探しているからですね。この手の問いは、事業の成長フェーズである0→1と1→10と10→100を区別できていません。

Spotifyや Airbnbにも0→1と1→10の新規事業フェーズがありました。しかし、ほとんどのみなさんがこれらのサービスを知るようになったのは、新規事業とは言えないような10→100の拡大フェーズを経た後なのです。

つまり、**新規事業としてどのような試行錯誤があったのかは、100まで拡大した後には見わけがつきません。**きっと同じようなサービスで10の状態まで育った事業はあるはずです。なぜ彼らだけが世界的サービスになったのか。それは、彼らだけが10→100のゲームを制したからでしょう。

（事業の成長フェーズの定義について、くわしくは1章P27で説明します）

確実性のある成功を積み上げる10→100フェーズと、0→1、1→10のフェーズは、まったく違うゲームなのです。

無数の0→10の事例に特化して研究を続けたところ浮かびあがった既存事業との最も大きな違いは、**無数の選択肢の中で正解がわかりづらい「不確実性」が支配しているゲーム**だということです。

本書は、そんな新規事業という名の五里霧中の航海をするための、異能のクルー集めと羅針盤を授けるものです。

図表1のように、不確実性を下げていく流れには3段階あります。

①始動する
②無知の知に至る
③確信と確証を得る

子供の自由さを持つ人だけが初めに動き、大人の教養を持つことで無知の知に至り、そのチームが異能の掛け算を経て、事業価値の確信と確証を得ていく、という流れになります。

本書の構成として、まず1章では、不確実性が支配する「新規事業の正体」を中心に、本書の前提を整理します。

2章は「どんなチームを組むべきか」というチーム論。〝子供の自由〟さと〝大人の教養〟を持った、異能のチームを作る方法を考察します。

[図表1] 新規事業のための「異能の掛け算」

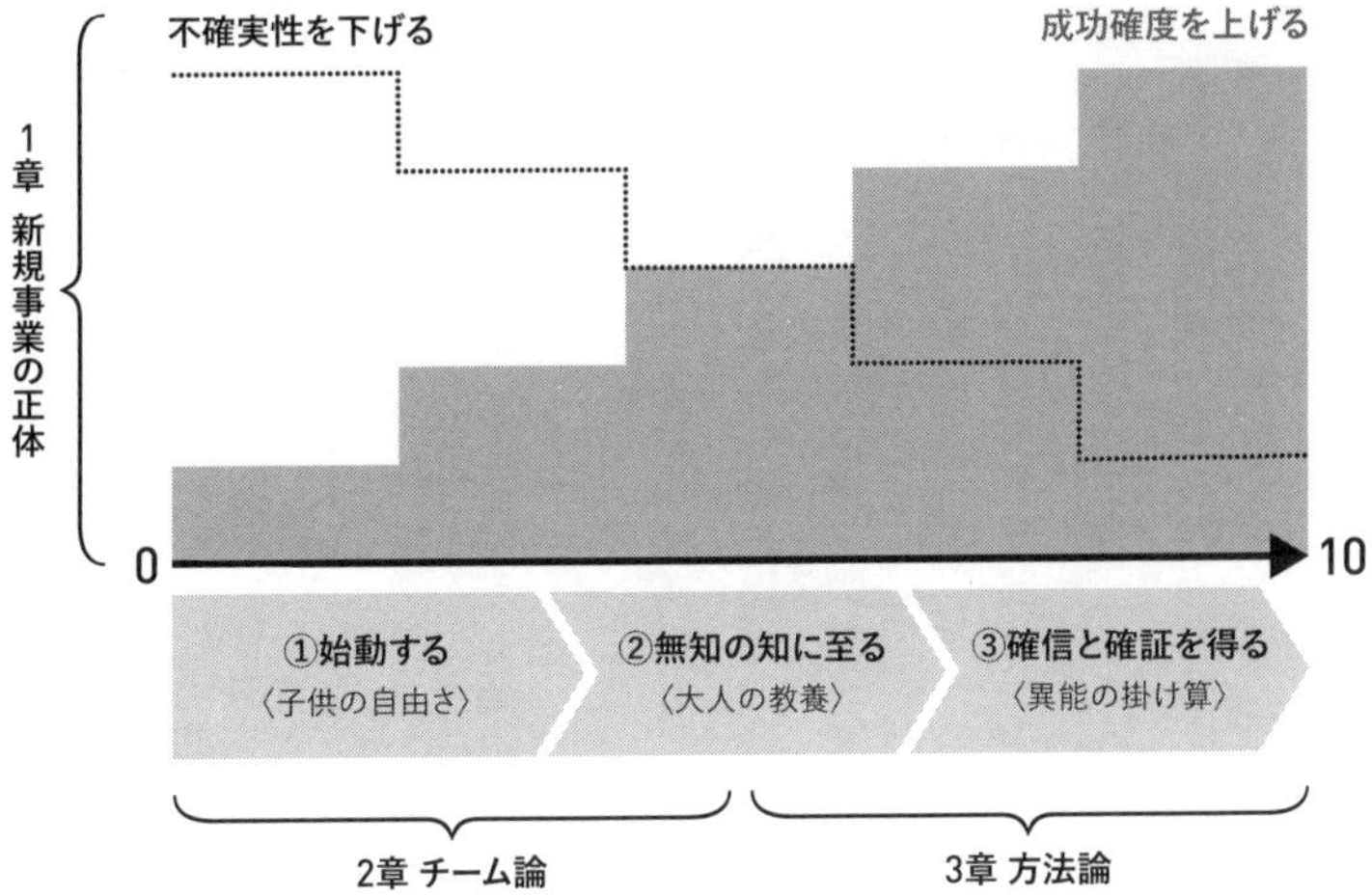

3章は「どんな方法で行うのか」という方法論。確信と確証を繰り返し、異能の掛け算をするための、バリューデザイン・シンタックスというフレームワークについてお伝えします。

新規事業という、変数が多く未知なことが多い領域の成功確度を上げるには、チームと方法の両輪が必要なのです。

夢中でアートにのめり込むためのサイエンスを

もちろん新規事業においても、ビジョンや意志、当事者意識や原体験は大事です。「新規事業のサイエンス」をこれから論じる上では矛盾するようですが、人の内側に宿る、エゴや狂気ともいえる情熱が、組織や事業を駆動する体験を私もまざまざと味わってきました。

ですから、この本は再現不能なアートのような部分を否定するものではありません。しかしそれらは、極限に至れば至るほど、コントロールできるたぐいのものではありません。いくらスティーブ・ジョブズを研究したところで、スティーブ・ジョブズの代わりにはなりえないのです。

本書はむしろ、アートな部分が主役にありつつ、サイエンス可能な部分がある、という立場を取ります。そして今回のような体系化を試みることでサイエンスできる部分を増やし、新規事業の参加者の共通認識を醸成することで、アートに専念できる状態を創りたい、と思っています。

昨今の日本で、結果的に起業家も企業内起業家も足りていないのは、「事業開発の方法論の再現性」がないことが諸悪の根源だと強く感じます。新規事業でサイエンスすべきは、異能の掛け算なのです。

この本は、その「チーム」と「方法」の両輪の全容を把握する初めての試みであり、そこに価値があると自負しています。

本書の学びを活かした結果として、みなさん自身のアートとなる領域に専念し、自分たちしか見いだせない価値を最速で創り上げてもらうことが本書の目的です。

最後に本編に入る前に、少しだけ私の話をさせてください。

3年前、私の父が起業した年齢になったのを契機に、「自分のライフワークは何か」を考えるべくマンダラチャート*を書きました。そのとき決めた、中心にある夢は「日本で一番、影響力がある新規事業家になる」ことで、今も変わらずその夢を追っています。

理由の半分は、新規事業が次のような理由で、**現在の日本において社会的に求められる最大のミッションだと考えるから**です。

※マンダラチャート：縦横9マス×9マスの中心に一番大事な課題を書き、まわりのマスに付随するアクションを書く思考方法

・法人全体で約500兆円の内部留保を抱えている。多くの大企業がCVC（コーポレートベンチャーキャピタル）を運営しても投資先に困っている
・大企業、官庁がこぞって新規事業のアクセラレータプログラムを実施している
・新規事業開発ミッションで9000件の人材募集（ビズリーチ 2022年9月末日 コンサル・士業系を除く）

つまり、「カネは余っていても、新規事業を創れるヒトが足りていない」のです。

もう半分の理由は、**「ゼロから立ち上げたサービスがユーザーに届いた瞬間の感動は代えがたいし、そこまで至るまでのプロセスがおもしろくて仕方がない」**ということです。つまり、「自分が夢中になれることだからです、以上！」という個人的な嗜好に根ざしています。

では、新規事業を創れる人はどんな人でしょうか。夢中になれる人です。一つの真理として、「努力は夢中に勝てない」ということ。

本書を手にとってくださった、あなたはどんな「異能」と働くのでしょうか。

あなたが子供みたいに夢中になれる人ならば、天才じゃなくても大丈夫。大人の教養を身につけて、異能の仲間を見つけて、一緒に価値創造に夢中になりましょう。

CONTENTS

異能の掛け算

新規事業のサイエンス

第2章

新規事業のチーム論

異能を活かす
BTCチームの鉄則

第3章

新規事業の方法論

確信と確証のための羅針盤

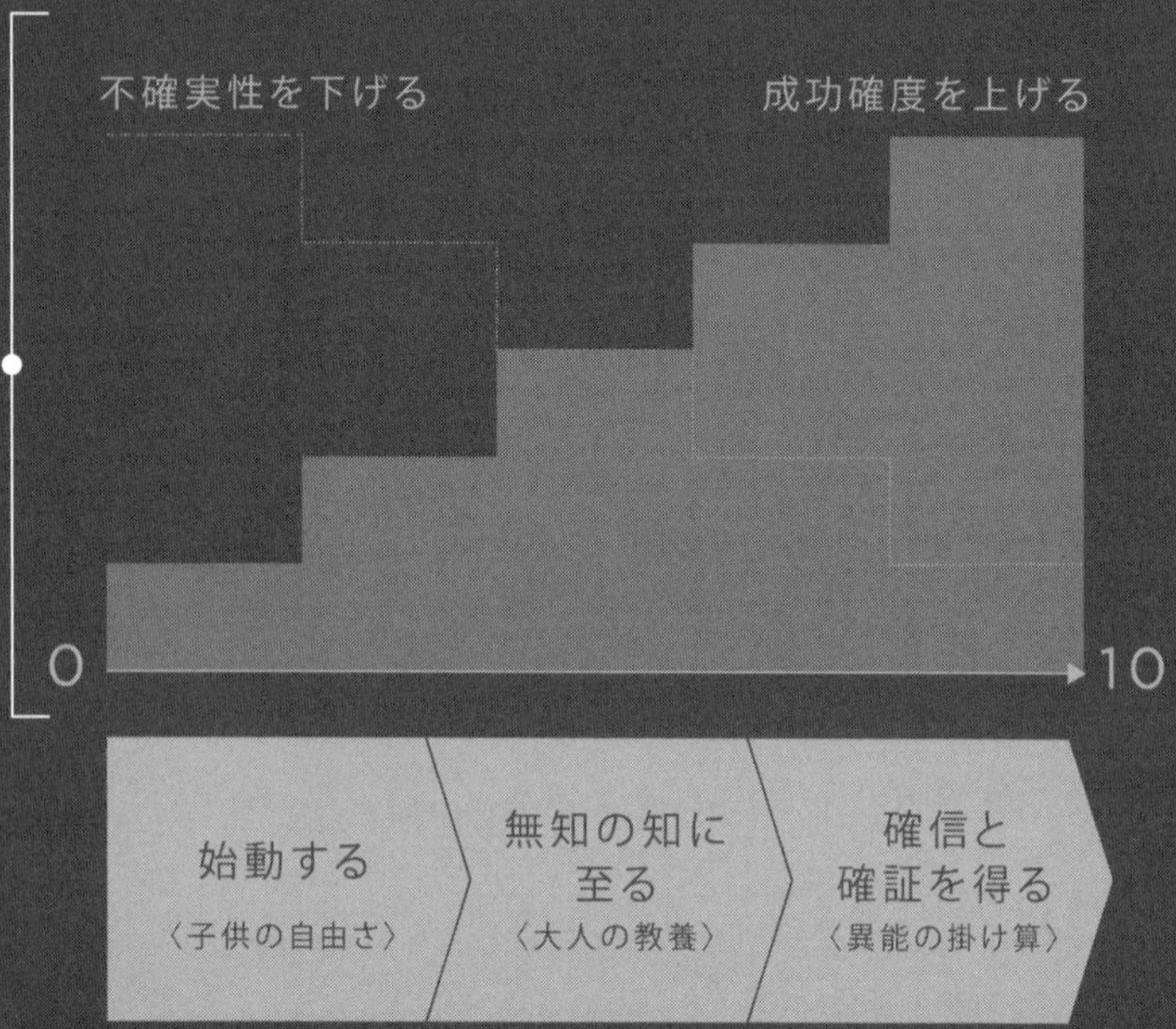
不確実性を下げる
成功確度を上げる
0
10
始動する
〈子供の自由さ〉
無知の知に
至る
〈大人の教養〉
確信と
確証を得る
〈異能の掛け算〉

第1章

新規事業の正体

不確実性が支配する
暗闇の歩き方

新規事業を支配する「不確実性」とは

まず初めに、新規事業という言葉が、誤解を生む可能性もあるので、この本で表現する新規事業、事業創造について、一度定義しておきます。

事業フェーズを0→1（ゼロイチ）、1→10（イチジュウ）、10→100（ジュウヒャク）と称したりしますが、それらは目指すゴールが異なります。

1の定義：「顧客課題への最小価値」を検証できた状態
10の定義：事業が成立し、拡大の見込みが立った状態
100の定義：事業拡大を続けている状態

この本における新規事業は、上記定義における0→1と1→10の領域を指します。

10の「**事業拡大の見込みが立った**」前後で求められる能力や組織に適合する意思決定の方法・評価基準に大きな差異があり、その前段階を解き明かすために研究した成果が本書になります。

［図表1］事業成長のフェーズと開発指針

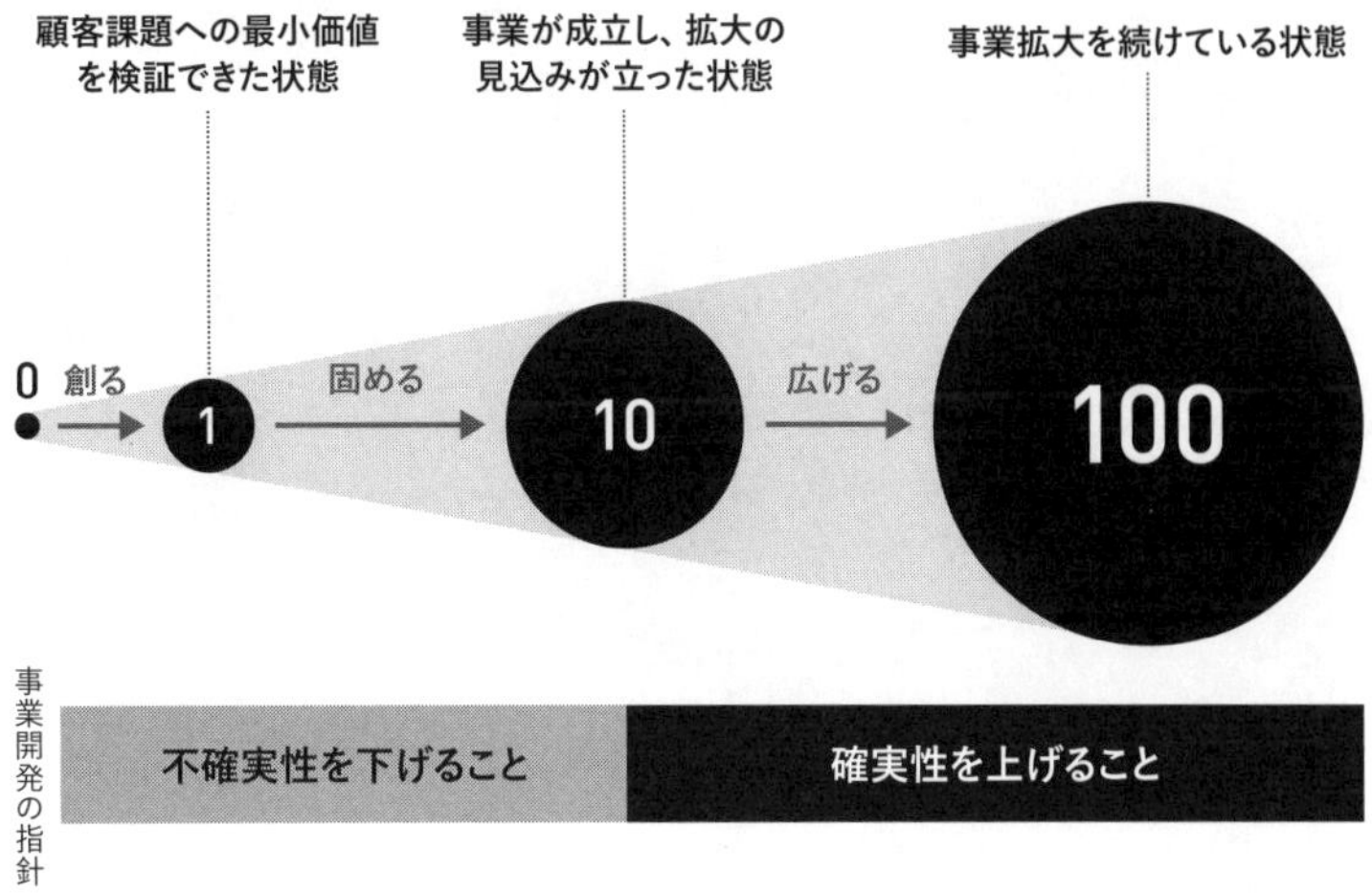

まずはこの10の事業が成立し、拡大の見込みが立った状態を少し詳細に見ておきましょう。

10のゴールを具体的に言うと、**KPIツリーの中で事業成立の肝となる「主要成功要因」が特定され、その実現見込みが立っていること**です。

イメージしやすいように新規事業の例として、飲食店の新業態を考えてみます。

図表2はサブスクリプション（定額課金）で食べ放題の焼肉店の事業を想定し、10の状態すなわち「これから拡大するフェーズ」に入るタイミングに解明されておくべきKPIツリーの例になります。

このサブスク食べ放題焼肉店のケースでは、妥当な獲得コストで、解約率を5％以下にできる顧客リレーションの方法に見込みが立ったといった複数の**成功要因が特定され、その実現見込みが立つと実証された状態が10の状態**、ということです。

ここではあくまで、10の状態で見えてくるKPIツリーの概念をお伝えしたいだけなので、構造の中身についてまでは踏み込みません。（KPIツリーの詳細は3章でお伝えします）

その後、10から100を目指す際に必要なことは、店舗数を増やし体制を厚くしてスピーディに事業開発をしていくことであり、チームの意思決定の指針は**「より確実性を上げて成長できるか」**となっていく世界に入ります。

0→10の世界は、いま挙げたようなKPIツリーが見え、成功要因が特定された後の10→100の世界と、根本的に違います。

新規事業の立ち上げは、最初まったく何も見えていない完全なる暗中模索な状況から始まります。仮に事業の形が見えてきたとしても、ややこしいことに事業ごとにKPIツリーの構造はもちろん、あらゆる構成要素が異なります。0から始めて「誰が顧客なのか、どんな収益構造なのか、誰が競合なのか……」がほぼ見えずに手探りをする状態が続く。大げさに聞こえるかもしれませんが、「確かなことが何もない」世界なのです。

最初の青写真どおりに進む事業はほとんどありません。重要な課題を見つけては、実現方法

[図表2] KPIツリー：サブスク食べ放題の「焼肉店」のケース

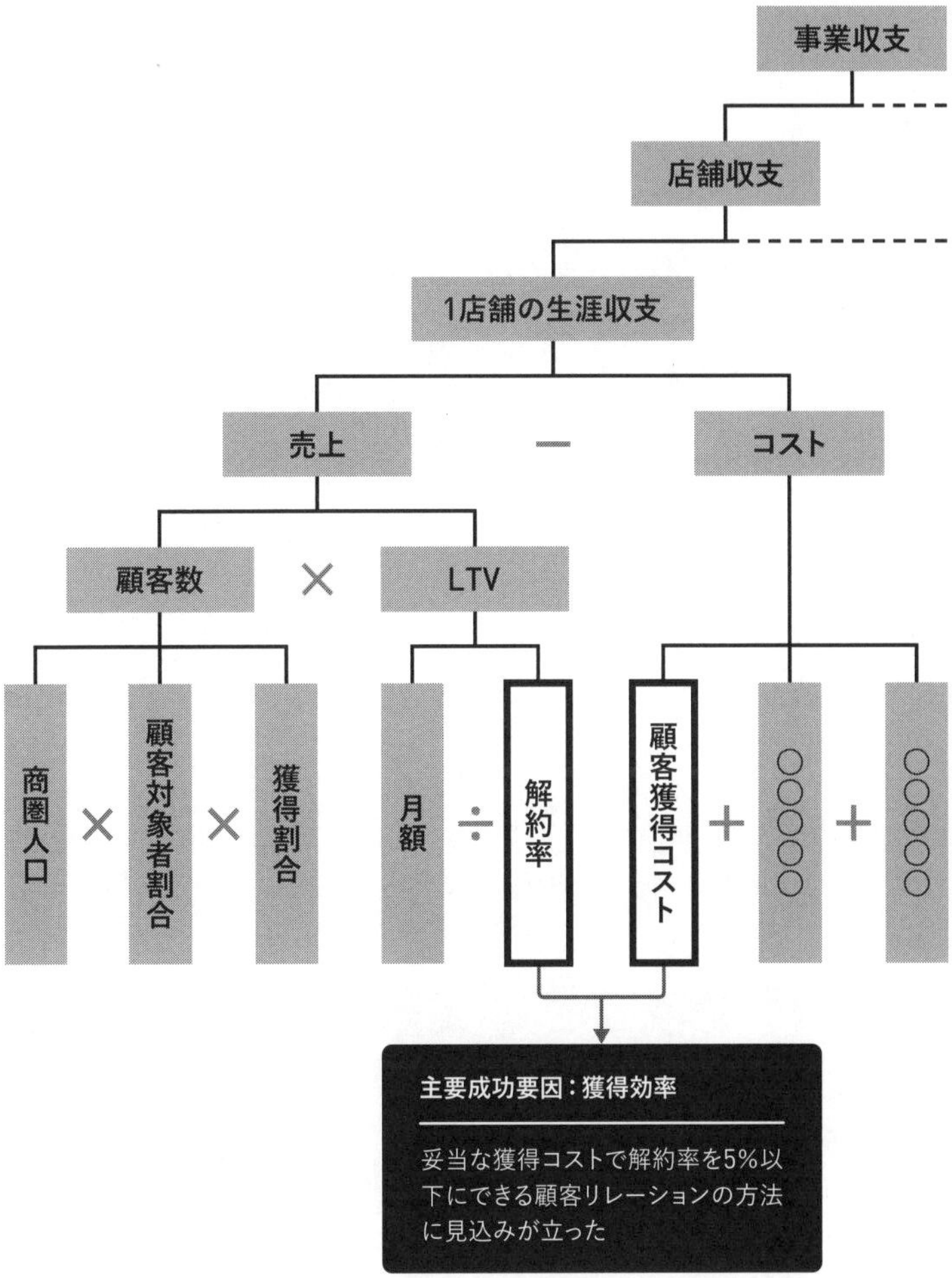

「10」のゴールは、このようにKPIツリーが把握され、主要成功要因が特定された状態のこと

を模索し、サービスコンセプトの仮説検証を立て直し続けなければなりません。

そうやってものすごい量のトライ＆エラーを繰り返した先に、やっと事業のＫＰＩツリーや成功要因、実現見込みが見えてくるものなのです。

つまり、**不確実性が支配する世界で、最も大事なチームの意思決定の指針は「どうやって不確実性（見えていないこと）を減らしていくか」**になります。

ここでいう不確実性とは、「事業に大きな影響を与えるにもかかわらず、現時点で見えていない要素」のことです。例えば、技術要素の難しさや、ユーザーのトレンドの変化、競合他社の動きなどが隠れているのに、まだわかっていない。それらを一つずつ確かめていくのです。

いきなり抽象度の高い話をしてしまいましたが、新しい価値を創る中で暗中模索するのが、新規事業開発の基本動作であるということを頭の片隅に置いて先に進みましょう。

「やってみなはれ」の落とし穴

「新規事業はやってみないとわからないのだから、まずは０→１（顧客への最小価値）を創るしかない。それ以外（１→10）はあとで考える」というスタンスをよく見聞きします。

「やってみないとわからない」は確かにそうです。そして序盤に１→10について考え切るのは難しいことも確かです。しかし、大枠を0→1のときから考えておかないと痛い目にあいます。

大枠の仮説を立てるだけであれば、数日でできることを放棄してMVP[※]開発した後に、「0→1までは行くが、絶対に10にたどり着けない」典型的なパターンを多く見ます。

1のゴールである最小価値は、サービスコンセプトだけで独立した検証が行えてしまうため、その部分だけでプロダクト開発に走ってしまうという落とし穴にハマるのです。

具体的には次の4つのようなことが起こります。

・優位性がない：知らなかった競合が強すぎて勝算が立たない
・仕組みがない：ユーザーセグメントに広く届けるビジネス基盤を作りようがない
・持続性がない：蓄積する強みが見い出せず、すぐ模倣される
・収益性がない：コスト構造上、ほとんど利益が出ない

ほとんどのプロジェクトが、この4つのいずれかにあとでつまずいて、脱落してしまいます。3章の方法論でくわしく深掘りますが、プロダクト開発の開始時点で必要な要素を組み立て、

※MVP（ミニマム・バイアブル・プロダクト）：顧客に価値を提供できる必要最低限の機能を備えたシンプルなプロダクトのこと。顧客が必要とし、利益を生み出せる最小価値のもの、とも考えられる。

大枠の仮説を持つべきなのです。

新規事業の難しさの本質

「不確実性を下げる」にはどうすればいいのかをお伝えする前に、そもそもなぜ新規事業は不確実性が高いのか、を考えます。

新しい事業を創ることは「新規であること × 事業であること」の両側面で難しさが存在します。

新しいことにチャレンジするシーンを思い浮かべてください。

- 新しい会社に通い始めるとき
- 新しいスポーツを始めるとき
- 引っ越した先の町内会に入るとき

いままでの会社／スポーツ／土地の文化のままだと思って、切り込んでいくと痛い目に合いそうですよね。新しいからこそ正解がわからない。

新規だけでも難しいことなのに、事業であることがさらにややこしさを増大させます。

事業とは「利益を目的として、商品の販売やサービスの提供などの経済活動を営むこと」とあります。この経済活動を左右する要素は、膨大にあります。

例えば、競争優位性の作り方や、その仕組みの作り方・続け方、収益性の担保の仕方から資金繰り、ひいては既存事業への良い効果／悪い効果まで。明らかに感覚で整理できるレベルではない構成要素が存在するのが、事業です。

3章で「顧客の課題にどんな手法で何の価値を創るか」という方法論のフレームワーク（バリューデザイン・シンタックス）について深く掘り下げますが、絞りに絞ったその構成要素だけで20もあるのです。

事業の構成要素が多岐にわたり、かつ複雑に絡み合った相関関係があることが難しさの本質です。

新規かつ事業であることで、さらなる難しさを呼びます。

例えば、アメリカの一般家庭では、商売の基本的なことを学ぶために、夏休みにレモネード屋をさせる風習があります。新しいことをやるうえでは、大きなことからではなく小さいプロトタイピングを行い学ぶことの大事さを伝えられるとても良い経験だと思います。

しかし、我々がいま向き合っている新規事業というのは、レモネード屋のようにはいきません。レモネード屋であれば、誰か経験者がいるので、相談をするなど、失敗しないように学ぶことができます。つまり、あくまでも自分にとって新しい体験なだけで、世の中には経験者であふれているのです。

それに対して、**我々が向き合う新規事業とは、世界中の誰にとっても新しいこと**なのです。もちろん類似サービスから学ぶこともありますが、基本的には、類似サービスと比べて明らかに違う価値の出し方を加えるものが新規事業なのです。

これが新規事業の難しさの根源であり、誰1人答えを持っていない世界であるからこそ、**わかっていないことの中で重要なものを掘り起こして、その不確実性を下げていくアプローチ**を取る必要があるのです。

ただ、「世界の誰も正解を出していない新しい事業」は、とてつもなく難しそうですよね。それゆえに現実的に多くの事業は、既存事業を組み合わせて作られています。

アメリカで流行ったサービスをいち早く日本でとりいれる、いわゆるタイムマシン経営は、既存事業の対象顧客をピボット（方向転換）させていると言えます。同じように、課題や手法や価値をピボットしながら、組み合わせることで、まだ誰も「事業成立させていない価値」にたどり着くのです。

3章でくわしく述べますが、本来、既存事業のパズルになるのは結果としてそうなるのであって、サービスのコンセプトは、社会課題や顧客ニーズのとりあえずの着地点に過ぎません。

自分にとって新しいだけで、誰かが一度正解を導いている10→100の世界では、その正解に対して、他の人や企業よりも確実に効率的にたどり着けるか？　がイシューになり、既存の方程式を参考に、リソース分配を最適にしていくゲームです。

それに対して、正解がない新規事業では、新しく方程式を創らなければならないのです。

無知に陥る3つの「バイアス」

私たちが向き合っているものは、

新規：まだ体験していない新しいこと
事業：（絞っても）20個の変数がある方程式を生み出すこと
新規事業：世界の誰も正解を出していない20の変数がある新しい価値創造

だということをお伝えしてきました。

では、不確実性を下げるにはどうすればいいのか。

1つは、新規事業について少し見知った人ならご存じかもしれません。とにかく具体的なアクションとして、**デザインとプロトタイピングを繰り返すことが基本動作**になります（これについては、2章でくわしく述べます）。

もう1つ、本書でお伝えしたい肝が、**〝無知の知〟のスタンス**です。古代ギリシアの哲学者、ソクラテスが「無知の知」あるいは「不知の自覚」として述べた、高校の倫理の授業などで見かけたアレです。

ざっくりとお伝えすると、2点に絞られます。

- 知っていると思うのは思い込みであって、実際には知らないことだらけであること
- 「自分が知らない」ということを、知ることこそが知恵であること

さまざまな出自をもった有能な人材でも、新規事業においては新参者であり、まだわかっていない背景や前提があるであろうと考え、「わからないことがあるはずで、それが何なのかを探る」スタンスが大事になるのです。

裏を返せば、新しいことを始めるときは、「わかっていると思わない」もしくは「わかっていると思っていることを忘れる（アンラーン）」心がけが必要不可欠です。そうすることで、まだわかっていない中で一番重要なことに早く気づけるようになるのです。

これは決して、謙虚になれというような精神論ではありません。暗闇の中で思いっきり走ったら、つまずいて怪我しますよ、という実践的な注意なのです（笑）。

すべての不確実性をゼロにすることはできませんが、単なる博打にならないよう、投資に見合うレベルに不確実性を下げていく必要があるということが本質です。

チーム組成やサービスデザインに入っていくうえで念頭に置いておいてください。

ただ、無知の知を得ましょう、と言われても具体的に何をしたらいいのかわかりづらいですよね。

では、何が私たちから、新たな気づきを隠しているのか。それが「バイアス」です。日本語では、先入観や偏見ですね。

本書のテーマでもある異能との対話によって、取り除くべき3つのバイアスをお伝えします。

①スキルのバイアス
②経験のバイアス

③環境のバイアス

不確実性がある箇所を特定していくうえで、どんなバイアスがあるかを知ることで、盲点になりやすい部分を自覚すれば、無知の知を発揮しやすく、新しい発見につながるはずです。

① スキルのバイアス

新サービスをより良いものにしていくうえでの事業のアイデアや考察は、Biz人材・Tech人材・Creative人材のそれぞれのベースとなるスキルによって、得意・不得意とするものが入り混じっています。

すべての事業のコアアイデアは、ＢＴＣのどこかに偏って始まるものがほとんどですので、その偏りが最後まで悪さをすることがあります。

例によって、レモネード屋の例で考えてみます。

Biz人材「隣町の店よりも安いし、商圏人口から考えて、儲かるはず」

Tech人材「他社はマネできない、氷冷○○技術でつくるから、とてもおいしいはず」

Creative人材「レモネードを買って飲む最高の体験ができれば、みんなほしがるはず」

といった具合に、自分が得意とする思考に偏って考えてしまうものです。（BTCどの思考が起点かによって、バイアス除去の要点が違うため、くわしくは2章で紐解きます）

この盲点は人によって異なるため、多くの変数で構成されている新規事業は、1人で創るのではなく、BTCの異能が集まったチームで、お互いの盲点を補完し合うチームであることが大事なのです。

② 経験のバイアス

経験のバイアスは、これまでの成功や意思決定の癖によって、不確実性が見えなくなる現象です。

人間の脳は基本的に省エネモードなため、成功体験を持っていたり何度も体験したことがある思考回路（情報伝達を担う神経ネットワークのシナプス）が強化されます。そのため同じような考えに至りやすいのですが、逆に未体験の無知なことについては、踏み込んで考える努力を怠ってしまうようにできています。

既存事業の10→100のフェーズで、大きな成功体験がある人は、当然ながらすぐにその経験を当てはめます。特に類似の成功体験を持ったチームになると、その危険性が増します。

ここでも、異能がチームに入ることや、お互いに違和感を口にできるチームであることがすごく大事になります。違う出自で異なる成功／失敗をしてきた人が集まり、お互いの仮説に対する違和感をしっかり表現しながら仮説を構築していかなければなりません。

さらに組織になるとイノベーションのジレンマなど既存事業の影響を受けて、新規事業そのものの不確実性と向き合う大前提を崩すような力学も存在します。

（こちらも2章のチーム論で深掘りします）

③ 環境のバイアス

最後に、新規事業の事例を見ていくとよくありますが、〝時代が早かった／合わなかった〟という振り返りがされていることがあります。

例えば、Slack や Teams などのチャットツールがとても流行っていますが、10年以上前から、ＩＢＭの Sametime や Microsoft のＭＳＮメッセンジャーなどでビジネスチャットは使えました。

なぜ当初からあったツールが普及しなかったかといえば、プロダクト自体の技術的な発展もありますが、常時無線でPCをネットワーク接続する社会インフラが整い始めたこと、さらにユーザー側でスマホやチャットツールが一般化されるなどの事業を取り巻く環境の変化によるものだと言えるでしょう。

このように新規事業をデザインするうえでは、環境の変化とそれに伴う顧客課題や求められる価値の変容を意識しないといけませんが、多くの場合は「昔、その領域は少し考えたことあるんだけど、うまくいかないよそれ」とバイアスで決めつけてしまうことが多くあります。

これも、不確実性が見えていない〝無知の知〟に至っていない状況の象徴です。

これらのバイアスを取り去ることは、言うは易しなのですが、一人で行うのはすごく難しいです。だからこそ、異能のメンバーの助けを借りることが必要なのです。

新規事業をデザインしているときは、スキル・経験・環境のバイアスのどれに自分が陥っているか、よく点検してみてください。

異能の掛け算の3つのステップ

ここで「正解がないうえ、多くの構成要素を俯瞰《ふかん》的に見ていく必要がある」新規事業について、Sun Asteriskで数多くの事例を洗っていく中で見いだした、**不確実性を下げていくためのプロセス**を、図表3のように普遍性のある3つのステップとして提起します。

①始動する
②無知の知に至る
③確信と確証を得る

子供の自由さを持つ人だけが始動でき、大人の教養を持つことで無知の知に至り、そんなチームだけが異能の掛け算を経て、確信と確証を得ていくという流れになります。

特に最後の3ステップ目は、大人の教養を元に、BTCのチームがしっかり各視点を持ち寄りながら、子供の自由さで常時プロトタイピングができることが肝心です。

［図表3］異能の掛け算の3ステップ

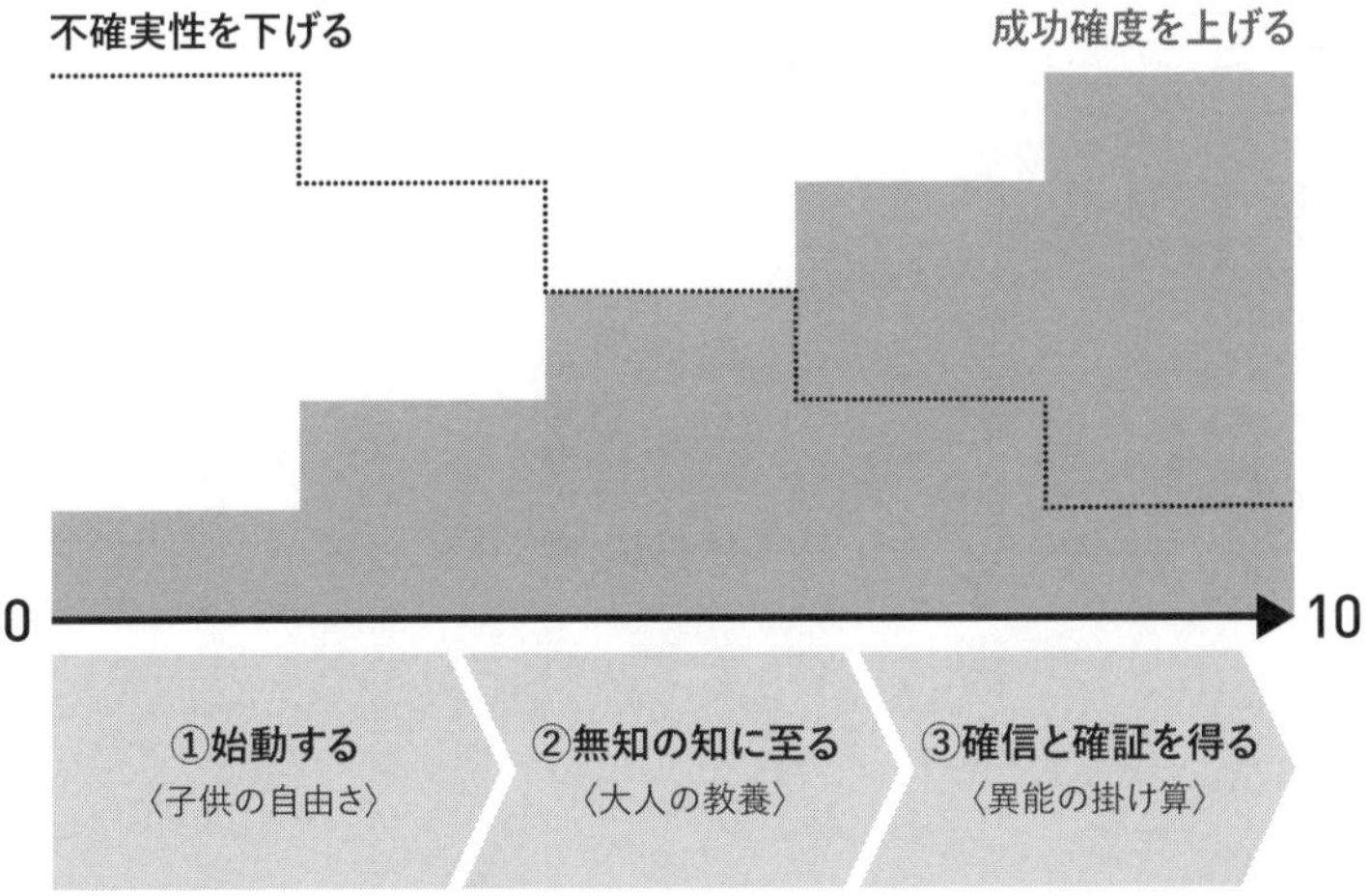

① 始動する

まず、考えすぎずに、動き出すことが大事です。たとえるなら、打率を上げるための考察の前に、そもそも打席に立つことです。

多くの会社では打席に立つところまで行っていないことが多く見受けられます。この領域に関しては、2章で扱っていきます。

② 無知の知に至る

前述のとおり、スキルと経験と環境のバイアスを外す必要が出てきます。

ここには大きく以下の2つの重要な視点があります。

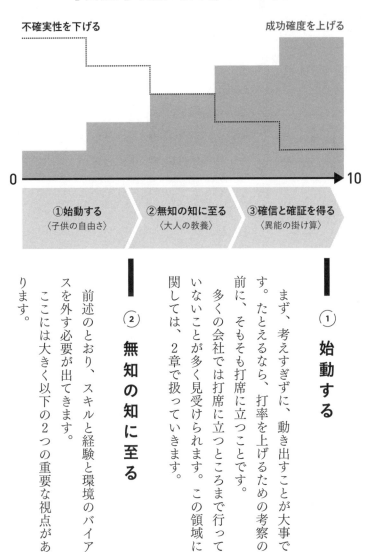

■新規事業を協創する「ＢＴＣチーム」の共通認識と相互理解
－異能のチームで、視点を補完し合う
－互いの能力を最大限発揮するための共通認識／相互理解を持つ

■バリューデザイン・シンタックス
－確信と確証を得るための必要十分なフレームワークを持つ
－その基本思想や背景を理解する

詳細は、２・３章で語っていきますが、この両方を満たさないと、不確実性を下げる素地は絶対に築けないことを、強く強調しておきます。

③ 確信と確証を得る

「何がわからないか」がわかってきたところで、デザインとプロトタイピングを繰り返していくことになります。

不確実な世界では真っ暗な部屋の中で床があるかもわからないところを歩く行為なので「そ

こに床があるか」を確かめることを怠ってはいけません。

また、変数が多すぎてサービスの全体感を見失うケースも多々ありますが、そのときは、絶対的ゴールである顧客課題に立ち返って、チーム全員でユーザーへの提供価値に向き合うことが重要になります。

失敗しても大丈夫な投資規模で創れる小さな価値を定義し、デザイン⇕プロトタイピングを繰り返していく前提で踏み切る機会を持つことも必須のスタンスになります。

新規事業の成功者に共通する2つの「人格」

ここまで新規×事業の難しさの根源とともに、その難しさに向き合ううえで「プロトタイピング意識」や「無知の知」や「バイアスの除去」の重要性を語ってきました。

これらをチームで議論しながら本書にまとめていくうえで、迫力をもって新規事業開発をしてきた先人を思い浮かべると、ある集約された2つの「人格」を発見しました。

それは、〝子供の自由さ〟と〝大人の教養〟です。

・砂場遊びのように無邪気に夢中に取り組む「子供の自由さ」
・バイアスを外して、新しい価値観に向き合う「大人の教養」

事業開発していくうえで重要な、**プロトタイピング意識を持ったり、まずは動いてみる力を持つ人**を想像すると**「子供の自由さ」を持ち続けている人**という人格が大事です。

子供、特に未就学の幼稚園児ぐらいまでは、公園で遊ぶときに各自が思い思いに砂山に手をつけ、遊具で遊びますよね。順番待ちでケンカをするぐらい自由です。もちろん、得意不得意で役割分担などをしません(笑)。

また一方で、新規事業と向き合ううえで重要なのは、この章でお伝えしたようにバイアスを除去したうえで**無知の知を持って、異能のメンバーを理解・尊重できる「大人の教養」を持つこと**なのです。

新規事業で名を馳せてきたその人たちは、この2つの人格が同居している人しかいない、と気づかされます。子供の自由さと大人の教養、という2つの人格は二律背反しそうな言葉なのにもかかわらず、両立しているのです。

しかもそれは、CEOなどトップだけの話ではなく、成功した新規事業を創った主要メンバーは、バランスの軽重はありますが、2つの人格を併せ持っている人ばかりです。

例外として、まだ大人の教養を持たないままで1つの新規事業を成功させている人はいますが、数年後にお会いして事業を拡大させて大成功するか、複数の事業開発を成功させている人は、後者の教養的なスタンスを身につけた人しかいません。

また個人ではなくチーム全体でバランスを取っているパターンもあり、大人の教養が必要な部分を右腕となる人がサポートすることで機能していることもあります。

新しいものを生み出す人は、なぜか驚くほど自然体で子供の無邪気な好奇心と行動力があるのです。そして、わからない領域は素直に人に頼る力を持ち、自分と異なる能力の人にバイアスを外してもらい、視点を広げる役割を引き出す大人の教養も持っています。

新規事業の難しさを分解していくと見えてくる**「無知の知やバイアスの除去、プロトタイピング」の重要性は、人類が新しいもの／ことに到達するために普遍的な能力**だとも言えるのではないでしょうか。

ここから先の2章3章は、チーム論と方法論に入りますが、ぜひ本書を通じて「子供の自由さ」を取り戻し、「大人の教養」を得るきっかけになれば幸いです。

COLUMN

価値創造のための経営のトップイシュー

私は元々「Think Lab」というワーキングスペースの事業で、「集中」について研究していました。脳神経科学の研究者やヘルスケアの研究者などと議論をしながらたどり着いた仮説は、夢中で仕事をしている人には「ゆとり・ゆらぎ・ゆるし」が必須要件だということです。

■ゆとり
時間的余裕がないと、アイデアは縮こまってしまう

■ゆらぎ
いつもと違う刺激がないと、発想が予定調和の中に収まってしまう

■ゆるし
心理的安全がないと、新しいことに集中していられない

実はこの個人の働く環境の条件は、不確実性のなかで事業価値を暗中模索するチームの環境にもそのままあてはまります。

「やってみなはれ。やらなわからしまへんで」とは、サントリー創業者の鳥井信治郎の言葉ですが、号令だけを真似てもうまくいくわけはありません。経営陣は全社方針として、挑戦を支える環境づくりにまでコミットする必要があります。

価値創造に成功している企業の多くは、個人に裁量を持たせたうえで、以下の3つの要素を満たしていると分析しています。

■明確な危機感

経営陣を中心に「新規事業がなければ企業の存続がない」といった明確な危機感を共有している

■経済的独立性

投資額と投資余力のバランスを見て、取りうるリスクを経営陣全員で合意している

■心理的安全性

自分の考えや気持ちを、誰に対してでも安心して発言できる組織を作れている

このどれかが欠けてしまうと、いかに優秀なメンバーでも、価値創造に夢中にはなれません。

理由は、この3つのうち1つでも足りないと、内向きの仕事が始まるからです。社内説明のためだけに資料を作成したり、先行きの見えないなかで事業に深くコミットすることに疑問を感じたり、社内で自分が肯定されていない感覚に陥り、猜疑心を持ったりするなどです。

逆に言えば、この3つを成り立たせること自体が、多くの新しい価値創造に注力したい会社にとっては経営のトップイシューになってきます。

図表のように、この事業環境が基礎となって、チームや方法論がワークするのです。

しばしば新規事業は「航海」に、既存事業は「地上の遠征」にたとえられます。

新領域に出ていくには、深い霧に包まれた海をわたる船に乗る必要が出てきます。そうなると、地続きの陸路進行とは違い、本国と連絡がつかず、その場で臨機応変に素早い判断を行う必要があります。また海を越えてまったく違う文化や風土の環境に飛び込むこともあります。

その結果、海洋国家では船団のトップに、大きな裁量と自治権が与えられます。

そこでは「枠」ではなく「軸」のマネジメントが重要になって来ます。

「枠」を作れるのは全体像が把握できている前提で、その全体を部分に分けて分担していく形

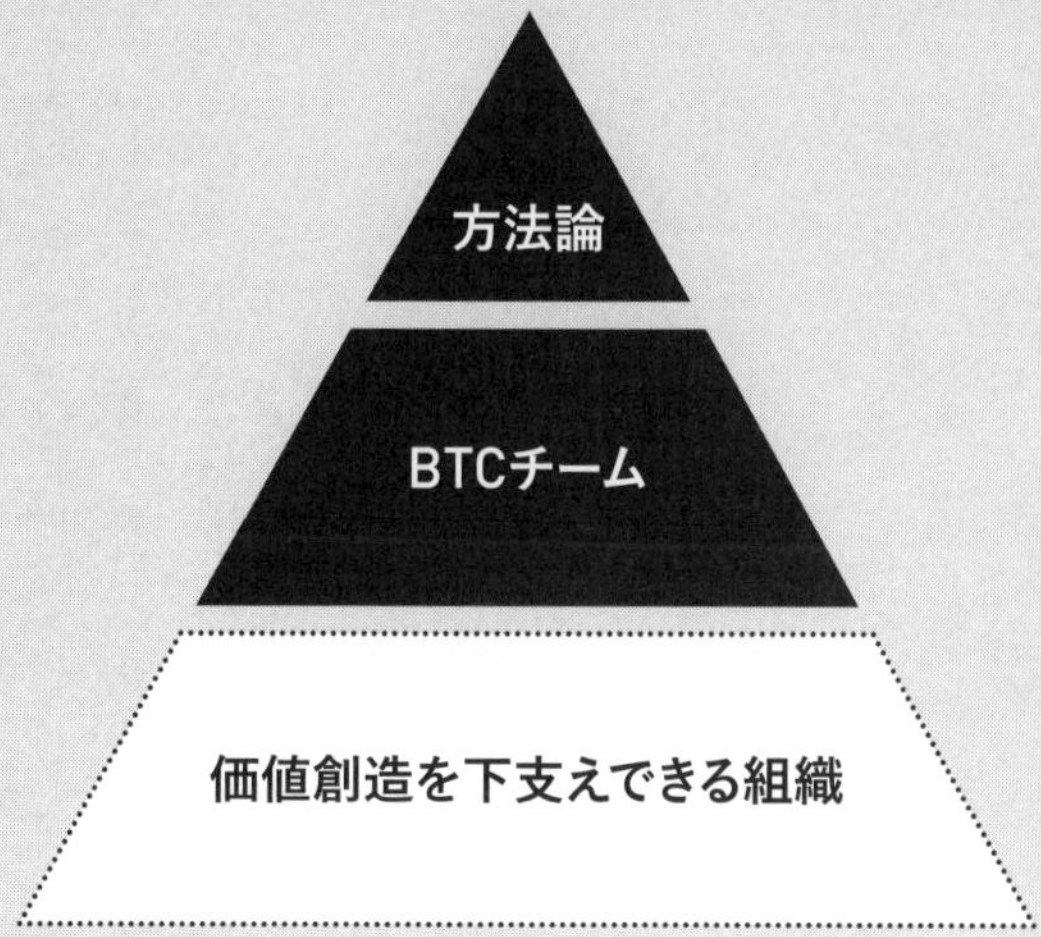

異能の掛け算のための3階層

として、枠組みを決めることになります。これでうまくいくのは、事業課題や何の指標が良ければ事業が伸びるかというKPIやKSFが特定されている10→100の世界です。

それに対して、新規事業は一寸先も見えない航海です。軸となる北極星や羅針盤として、ビジョンやミッション、コンセプトを共有してメンバーが一丸となって探索をし続ける形でしかチームをまとめることはできないのです。

ちなみに枠の世界では必要ですが、軸の世界では必要がないものの代表は中間管理職です。既存事業では、統制のために必要不可欠な中間管理職も、新規事業ではその一階層があることでスピードが落ち、命取りになってしまいます。

信じる軸を共有し、裁量を持って意思決定を繰り返せる環境が新規事業には必要なのです。

ちなみに私が所属する、新しい価値を創ることに全振りしているSun Asteriskでは「アンチエイン（解放状態）」と称して、「全員が自発性をもって、制約に縛られずに個人の意志で、価値創造に向き合う状態」を目指しています。

もちろん、ここまでを経営陣がお膳立てしてくれれば最高ですが、新規事業チーム自らが働きかけ、小さな結果を積み重ねながらボトムアップで環境を勝ち取ることも時に必要でしょう。

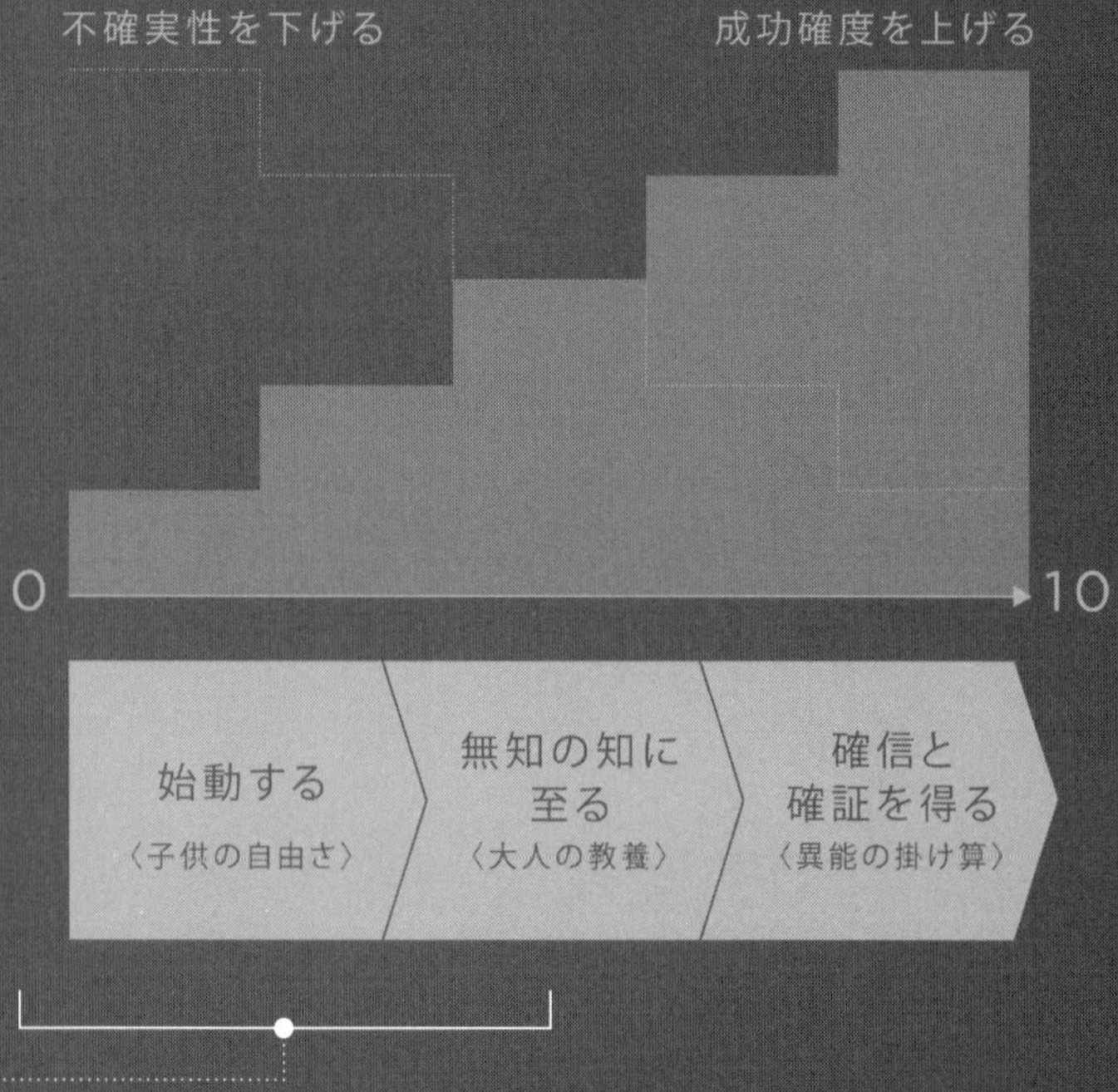
不確実性を下げる
成功確度を上げる
0
10
始動する
〈子供の自由さ〉
無知の知に
至る
〈大人の教養〉
確信と
確証を得る
〈異能の掛け算〉

第 2 章

新規事業のチーム論

異能を活かす
BTCチームの鉄則

コレクティブ・ジーニアスなチームの重要性

それでは本題の、チーム論に入っていきましょう。

2章では、不確実性を下げる素地として必要な「異能チーム」について包括的に見ていきます。

1章で語ってきたとおり「新しくて正解がないうえ構成要素が多岐にわたり、かつ複雑に絡み合っている」ことが前提の新規事業に向き合うためには、1人の思考だけで向き合うことは、大変困難な環境、時代になってきています。

大昔の新規事業であれば、エジソンのような1人の天才の発明で完結したかもしれません。しかしいまは昔と違い、あらゆるサービスや情報があふれた世界になりました。

事業インパクトがある新しいサービスやプロダクトを創ろうとすれば、ビジネスの知識による大胆な事業計画、もしくは多岐にわたる技術領域やクリエイティブの力による体験の差別化が必要となります。

つまりBiz(ビジネス)・Tech(テック)・Creative(クリエイティブ)、**BTCの3種類の人材**が必要最小限の異能なのです。

Biz人材・Tech人材・Creative人材と聞くと、きっとみなさんがイメージするのは、コンサル、ソフトウェアエンジニア、WEBデザイナーではないでしょうか。けれど、図表1のようにBTCはもう少し根源的な意味で、事業価値を司っています。例えば、素朴な業態として、レモネード屋を考えてみます。これを、BTCの役割でいうと、このような形になります。

Biz人材：レモネードの値つけや、仕入れ値の交渉、機材の投資の経理を切り盛りする
Tech人材：高い技術でレモンを目利きし、レモネードを調理する
Creative人材：接客から看板、店内の内装まで、顧客の体験を設計する

事業や産業によって、BTCの付加価値のバランスは異なりますが、ざっくりとこのようにわけられます。

工業製品や化学品などの川上のBtoB産業でも、サービス／プロダクトに接点を持つ人が介在するものは、BTCの役割が必要不可欠です。

例えば部品メーカーなどではCの活躍が必要ないと思われるかもしれません。しかし、次の

工程の会社に対して、新商品である部品を現行のラインにスムーズに導入し、安定的に取り扱うための設計や説明書などを提供するときは、Cによる顧客体験の設計が価値を発揮するのです。

つまり**「新しい価値を創り顧客に有用な形で持続的に届ける」**ためには、**「新しい価値を〝創り〟（T）、〝顧客に有用〟（C）な形で、〝持続的〟（B）に届ける」**必要があります。

ただ、現代において、ちょっと手ごろで質のいい商品がナイスに提供できたからと言って、企業が成長できるほどのビジネスになるのはイメージしづらいですよね。

新たな価値創造の主戦場であるデジタル領域においては、サービスローンチはスタートラインでしかなく、その後サービス／プロダクトを、日々継続的に改善し、磨き込み続けることが、サービスの成長を決めると言っても過言ではありません。その新しい企画から運用までのすべてを1人で認識し判断していくことは不可能なのです。

一方、裏を返せば圧倒的な天才でなくても、価値創造の一員になれる時代なのです。

少し前に、コレクティブ・ジーニアス（Collective Genius）という言葉が『ハーバード流 逆転のリーダーシップ』という本などで取り上げられています。

ピクサーやGoogleなどの飛躍的な成果を出し続ける組織で、「1人の天才の顔が見えにくいのに、価値創造を繰り返し成功させているチーム」が、複数人によって創造的な摩擦力／機動力／決断力が発揮されるとあたかも1つの天才性を持つ個人のように機能することを、コレク

［図表1］0→10を創るBTCチーム

Biz人材
事業起点で、価値を最大化する
持続可能な仕組みをつくる能力者
売上・利益
ビジネスモデル
KPIとKSF
実現可能性
技術的チャレンジ
生産性・拡張性
ユーザー体験
コミュニケーション
ブランド
Tech人材
技術起点で、理想的な価値への
アイデアを実現する能力者
Creative人材
顧客起点で、理想的な体験価値を
見出す能力者

ティブ・ジーニアスと呼んでいます。

これは新規事業において目指すべき、異能の掛け算の1つの例です。ただ、新規事業において、もっと確実に効果的に異能のチームを機能させる必要があります。

いまは属人化しがちな思考や知識ですが、デジタルツールの発達によって「複数人の思考を共有しながらの考察」がしやすくなってきている、というコミュニケーションインフラの進化も大きな要因でしょう。

1人の思考の中では、「いま仕入れた情報と記憶をもとに、直観／論理を駆使して考える」ということがなされています。

しかし、最新ツールを駆使できれば「複数人の記憶をマッピングしつつ、必要なプラス情報を誰かがググって持ち寄り、それを同時に見える形で共有しながら、全員の直観／論理を駆使して考える」ことが可能になってきています。

実際、この本を書くうえでも、Zoom（テレカンツール）上で、Miro（ホワイトボードツール）を使い、毎日のように議論し続けたことで、本の制作チームの異能たちの脳のシナプスをほぼ直接つなぐような感覚で議論を深めることが、できたと感じています。

新規事業の成功は、チームが「共通認識と相互理解」を持ったうえで、各自の得意分野の能力が発揮されている、つまり「異能の掛け算」が起こっているときである、と明言したいと思います。

いかに有能なメンバーであろうとも、衝突して引き算する状態、がんばっても足し算にしかならない、相乗効果がない状態では、創り出せる価値は雲泥の差なのです。

この章では、多くの新規事業をこなしてきているBTCそれぞれへのインタビューを通じて、これらの共通認識や相互理解を持つために必要な3つを語っていきます。

- 理想のチームの必須条件
- 異能チームのコミュニケーション設計
- 異能同士の相互理解のポイント

異能人材の「すれ違いあるある」

異能のキャラクターや性質は後述しますが、もう少しBTCの定義を明確にしておきます。

■Biz人材：事業起点で、価値を最大化する持続可能な仕組みをつくる能力者

Biz人材がいなければ、最高のサービスで新しい価値をが創れても、市場にインパクトをもたらす仕組みが作れず、一部のニッチなユーザーに届く、もしくはサービスがいずれ終了しかねません。

事業成立後は、COO（Chief Operating Officer）として責任を持ちます。

■Tech人材：技術起点で、理想的な価値へのアイデアを実現する能力者

Tech人材がサービスデザインの企画時点からいなければ、プロトタイピングしながら顧客への価値を理想的な姿に模索できず、サービスを磨きあげることができません。

事業成立後は、CTO（Chief Technology Officer）として責任を持ちます。

■Creative人材：顧客起点で、理想的な体験価値を見出す能力者

Creactive人材がいなければ、理想的な体験価値を模索できず、場当たり的な価値しか提供できず、顧客に受け入れられない、もしくは瞬間的な価値しか発揮しないサービスになってしまいます。

事業成立後は、CXO（Chief Experience Officer）もしくはCCO（Chief Creative Officer）とし

て責任を持ちます。

この3人がサービス／プロダクト成功のために必須な各要素に特化したプロとして、お互いの領域を深く掘りつつ、異能同士の能力を掛け合わせ最高の価値創造に向き合うことが必要不可欠なのです。

大企業の中の新規事業においても、スタートアップの事業開発においても、必ずこのＢＴＣのスキルが必要不可欠です。ＢＴＣそれぞれに特化した方法論や新しいフレームワーク／メソッドについては、毎月のように本にもなっていると思います。

しかし、そのことよりも重要なのに、あまり目を向けられてこなかったことが「ＢＴＣの異能たちがどう互いを活かしあい、シナジーを生むのか」という観点だと考え、この本の考察は始まりました。

それが新規事業におけるリベラルアーツ、つまり教養です。人間を束縛から解放するための知識や、生きる力を身につけるための手法と言い換えてもいいでしょう。

具体的には次のような観点が必要です。

■物事にはいろいろな見方があるのだという感覚

- 偏ったバイアスに制限されない、多様な価値観を選択できるスキル
- 決められた正解を探すのではなく、新しい答えを創るというスタンス

新しいサービス／プロダクトで成功した人であればあるほど、これらを熱く語ります。それくらい相互理解は難しく、また重要性が高いのです。

しかし、異能同士のコラボはいざ始めると、すれ違いがたくさん起こります。

例えば、このような具合です。

「Bさんって、部長向けプレゼンのことしか考えていないよね。大企業は、こうやってお客さんを見ずにサービスをつくるから、うまくいかないんだよな」

「Tさんって、すぐ機能を絞る話ばっかりするよな。いまは発散フェーズだから、本当に大事な機能を探さないと。できることだけやるつもりなら新規事業なんかやるなよな」

「Cさんって、自分をアーティストとでも思ってんのかなぁ。いまのフェーズでそこまでちゃぶ台ひっくり返すような仕事のやり方なら、独立して仕事するべきだよな」

なんとなくこれだけを聞くと、それぞれに問題があると感じてしまうかもしれません。

しかし、それぞれの立場に立つと、こんな意見が浮かび上がってきます。

「Bさんって、部長向けプレゼンのことしか考えていないよね。大企業は、こうやってお客さんを見ずにサービスをつくるから、うまくいかないんだよな」

←

「事業の持続性は、ヒト／カネが続かなかったら終わりなんだから、あの部長に期待を持たせ続けないと終わってしまうぞ」

「Tさんって、すぐ機能を絞る話ばっかりするよな。いまは発散フェーズだから、本当に大事な機能を探さないと。できることだけやるつもりなら新規事業なんかやるなよな」

←

「いやいや、最終的に手を動かすのは開発だし、いつも要件決まるのギリギリになるから、バッファ積んで話さないと。むしろプロとして現実的に意見をしないと」

「Cさんって、自分をアーティストとでも思ってんのかなぁ。いまのフェーズでそこまでちゃぶ台ひっくり返すような仕事のやり方なら、独立して仕事するべきだよな」

↓

「サービスの大枠が決まってから呼ばれてかなりやばい状態だから、顧客体験をよくしようとして提案しているのに。納期守れても、顧客に価値なかったら何にもならないじゃん」

どうでしょうか。これもまた至極まっとうな意見として聞こえてきませんか。

ここまでの話には、誰も不真面目だったり非建設的な人はいなかったのです。しかし、互いに別の方向に向かって衝突したり、すれ違ってしまう。こんな悲しいことはないですよね。

1＋1＋1は多くの場合3には至らず、せっかくの優秀な人たちが集まっても何にもならなかったりするんです。

新規事業の価値の探索は、このようなたとえ話にも近いものです。「群盲象を評す」。これはインドを発祥とする寓話の1つです。

ある国の王様が盲人に象を触らせて、象とはなんだと尋ねます。すると、それぞれがそれぞれの答えを言い出しました。

足を触った盲人は「柱のよう」／尾を触った盲人は「綱のよう」／鼻を触った盲人は「蛇

のよう」／耳を触った盲人は「扇のよう」／腹を触った盲人は「壁のよう」／牙を触った盲人は「槍のよう」と答えました。

つまり、全員が正しいことを言っていても、それぞれの人の立ち位置や思考性、表現方法が違うことを知らないと、チームで同じゴールに向かって動くことは難しいのです。

新規事業で見いだすべき象（新しい価値）は、移動していて、形すら変わり続ける可能性があります。

だからこそ異能同士で価値の探索に向き合う必要があるのです。

理想のチームの必須条件

まずチーム作りの根本部分であるチームのメンバーの構成を考えていきます。

大切な視点が2つあります。それが、スキルとビジョンです。

スキル：BTCの専門領域を中心とした事業を創るための能力
ビジョン：事業コンセプトの「課題への共感」「価値への渇望」。自身の目標と事業の紐づき

実はスキルの問題も重要ですが、人が集まって遮二無二にがんばらざるを得ない世界ですので、ビジョンがスキルと同じかそれ以上に重要なのです。

結論からお話しすると、新規事業を創るチームは図表2のように、**「スキルは異なる人の集まりだが、ビジョンは同じであるチーム」**であることが、最も大事だと私自身はキャリアを通じて痛感してきました。

ビジョンと言っても、特に大げさなものでなくて大丈夫です。先ほどの事業コンセプトの「課題への共感」「価値への渇望」であったり、興味関心をチームで共有して、議論を交わしながら互いに刺激しあっている状態もビジョンと言えます。ビジネスにおいて、ウィルと呼ばれたりするものとも近いと思います。

ビジョンが異なるメンバーがいると、活動が逆回転し始めます。

私もコンサルであったり、事業会社に勤め主体者として事業開発をやってきて、事業創りは人でありチームのあり方だとつくづく感じる場面がたくさんありました。

［図表2］新規事業チームの理想と現実

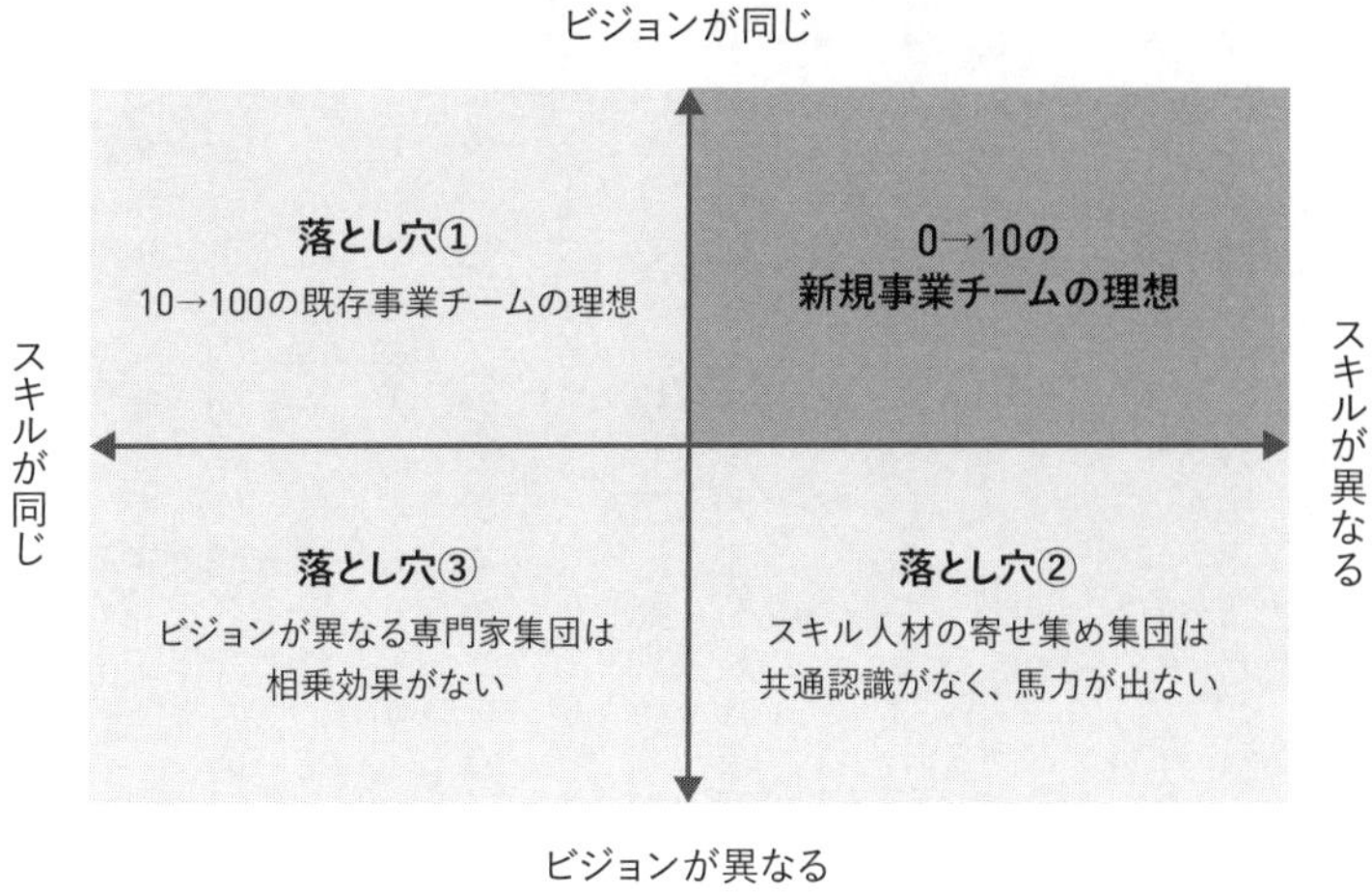

不確実なこと、わからないことが頻発する世界で、ビジョン、つまり実現したい未来に共感のない人が1人でもいることがどれだけ考察を妨げるか、似たスキルの人だけで集まっていると視野狭窄になり、スピードも落ち、事業開発力が弱くなるのを、たびたび実感してきました。

多くの新規事業においては、図表2に表した落とし穴にハマることが多いのです。

最も多く見かけるのが、落とし穴①の気の合う、同じスキルを持った人を集めてしまうケースです。盤石な既存事業から顔見知りを誘うことも多く、互いの仕事を評価しやすく、同じビジョンを持ちやすいけれど、同質スキルの人を集めてしまう。

大企業の既存事業では、同質スキルの人が集まって行ったほうが効率がいいボリュームの仕事が発生しているため、いざ新しいことを始めようとしたときに、頼りになると思ってしまうのは、同スキルの人なのです。

当然、新規事業の初期に同スキルの人間が取り組むべき仕事は量が多くはなく、その参加メンバーのために無理やり仕事を作ってしまうものです。最速で最小価値を創らないといけないチームにとっては弊害そのものです。

次に、落とし穴②のビジョンが異なるケースについて。「同床異夢」と呼ばれる問題です。事業コンセプトが固まっていない状況の0→1のフェーズでは、社内メンバーで求めるスキルがマッチする人を探して、無理やり参加してもらう流れが多くあります。

ビジョンが異なるメンバーで新規事業をやると、変化が多すぎて、気持ちがついてこれない人が出てきます。

これは一定、仕方がない部分もあります。多くの企業内起業では、盤石な既存事業があり、その既存事業の世界観や安定性に魅力を感じて元々その企業に参加しているメンバーだからです。

しかし、物事が進みにくくなる際には、途中からやらない理由を見つけ始める人が出てきて、船を逆にこぎ始める人が出ることが往々にしてあります。

メンバーの人生設計や成し遂げたいことと新規事業の時間軸やビジョンが合致していないこ

とが問題なのです。こうしたとき人は、自己肯定感や自己効力感を失い、できない理由の説明や、力を抜く理由の説明に時間を使うようになってしまうものです。

そうなると、そもそも新規事業をやることの大義名分すらひっくり返ってしまったりします。これが理由での新規事業が悲しさだけを残して解散することも多々見てきました。

落とし穴③については、多くを語るまでもないでしょう。

これらの「新規事業の失敗あるある」をクリアするには、**「スキルは異なるが、ビジョンは同じチーム」**が最も大事な条件になってきます。

- 相談しやすい同じスキルの社内メンバーを誘わないこと
- 創りたい事業の方向性に共感を持たない人を誘わないこと

この条件を満たさなければ、いかに有能であっても、結果としてやらない理由を探し始めるため、逆効果となることに注意をしましょう。

BTCの3種類の異能は0→1、1→10を創る際には、確実に1人ずつ入っているべきなのですが、その理由は、それぞれがいないことで起きるネガティブな点を見るとはっきりします。

Biz人材がいないチームだと「顧客はほしがるものになったが、続かない、儲からない、規模が大きくならない」パターンに陥りやすい。
Tech人材がいないチームだと「創ってしまったほうが早いことなのに、無駄に考察を続けてしまう」「技術的に不可能な仮説に時間を掛けてしまう」パターンに陥りやすい。
Creative人材がいないチームだと「理屈上収益性が高い事業になりそうに見えるが、具体的に使うイメージやシーンが浮かばず、顧客が手に取らないサービスになる」パターンに陥りやすい。

このような理由から、最速で最小価値を創るには、BTCが全員マストで必要なのです。リクルートが難しいときもあると思いますが、社内からだけでなく、契約でも業務委託でも異能を補完することが求められます。

もしチームにBTCのいずれかが欠ける場合は、メンターを探して、足しげく相談に通う必要があるでしょう。

例えば私の場合は、ハードウェアの新規事業をやっていたので、企画してから世の中に届くまでに3年以上かかりました。既存事業とは評価されるタイミングが全然違ってくるため、徐々に苦労が報われないと感じて空回りし、脱落する人が出てしまいました。

私自身は戦略コンサル出身のBiz人材です。「スキルは異質な人の集まりだが、ビジョンは同質であるチーム」ではないことで生じた苦労があったため、2つ目の新規事業では、社内か社外かは選定条件から除外して「サービスコンセプトに熱い想いを持つ人」×「TとCの能力に秀でた人」を社外からも募りました。

その結果、コロナの影響などもあり大きくサービスをピボットする際にも船を逆にこぐ人はおらず、内部調整のような内向きなエネルギーの使い方をせず、スピード感を持って事業開発をすることができました。

「ダイバシティっぽさ」では意味がない

スキルが異質であることは、最近よく耳にするダイバシティ（多様性）に関連性が強い内容です。

既に取り組んでいるよ、と言いたくなる人も多いかと思いますが、「人種や性別など目に見える形の多様な人材を採用する」ことで達成感を感じていたりしないでしょうか。実はここには誤解しやすい点があるため、簡単に説明します。

ダイバシティがイノベーションに寄与するメカニズムは単純で、アイデアの生まれ方にあります。

100年以上前の時点で、イノベーションの源流となった経済学者シュンペーターは、「イノベーションとは既存知と既存知の新結合である」と表現しています。「まったくの0から新しいアイデアが生まれることはなく、アイデアというものは、何かの知識・知恵と他の知識・知恵が掛け算されたときに生まれるから」であり、そのためには**違う性質の多様性を持った集団が、違う知識・知恵をぶつけ合える環境が必要**なのです。

そして、掛け算する複数の知識・知恵が大きく異質なほうが、新しい発想になる可能性が高くなります。なぜならば、世界中/歴史上の人々がいろいろ考えてきた中で、新しいことを構想・創造するには、これまで普通に行われていた掛け算だと、既に考えられたことしか思いつかない可能性が高いからなのです。

もちろん組織文化の観点でも、人種・性別の多様性は大事ですし、ぜひ取り組んで実現してほしいですが、イノベーションのための多様性には「新しいことを生み出すスキル」そのものの多様性が必要なのです。

最初のチームは最大5人まで

もう1つ、チームにおいて大事なのは、最少人数のチームであることです。

イメージしやすいように、多くのビジネスパーソンにとって馴染みのある既存事業の10→100

の世界で求められるチームと対比して考えてみましょう。

既存事業のチームで求められるのは、「正解（ノウハウ）がある世界で、最大効率を実現するための圧倒的なリソースで戦うチーム」です。

新規事業を創るチームは真逆です。つまり、**「正解がない世界で、最速で最小価値を創るための最少人数のチーム」**となります。

これには以下のような理由があります。

■大人数のデメリット

・コミュニケーションコストが高い
・合意形成のスピードが遅い
・最小価値検証以外の仕事が発生する（人はリソースがある分、仕事を作ってしまうもの）

■最少人数のメリット

・すべての会議や意思決定のプロセスに参加するなど「一次情報」を共有しやすい
・合意形成のスピードが速い
・当事者意識を醸成しやすい

やはり、全員が同じように現場での一次情報に触れるなど、肌感覚レベルで確信を持てていない状態では、言語化以前の大事なコンテキストが共有しづらく、意思決定に余分に時間が掛かってしまうのです。

多くの経験者で議論してきましたが、個々人が自分の専門性を出し切ることができるうえ、互いを活かしあうシナジーを生んでいるチームは、「5人以下であることが前提条件になる」というのが結論です。特に、サービスデザインまでは。

これを裏づける論拠として、英国の人類学者ロビン・ダンバーの「5－15－50－150－500の法則」考察を引用します。

ダンバーは、民俗学的研究をもとにさまざまなグループを研究する中で、何度も同じ規模の集団が繰り返し登場することに気がつき、それを「親密さの集まり」と称して、規模に応じて分類しています。

その最初の5人は、精神的な支えになってくれたり、困ったときに助けてくれたりする人数で、家族などに近いつながりであり、「お互いに、本音を言っても受け入れてくれると思える。相手の感情の動きや行動が予測でき、コミュニケーションは阿吽《あうん》の呼吸、アイコンタクトで通じ合える」関係と定義され、それ以降は徐々に薄く広い別の集まりになります。

その考え方をもとに、組織の最小単位を5人にすると協調行動を促しやすい、との主張ができます。人数が増えてくると、周りに埋もれてしまう人が出てきたり、自分の貢献を感じにくくなるため、コミットメントが下がることが言及されています。

やるべきこと、やってはいけないこと

メンバーを組成するうえで、もう1つ大事なリソース配分の設計があります。チームメンバーは、できない理由(Why)を並べるのにリソースを割かずに、できる方法(How)を建設的に考察する姿勢を持つことが大切となるために、意思決定や情報連携に際してのテクニカルなコミュニケーション設計として、やることとやらないことを列挙します。

やること

・サービスデザインまでは、5人以下のチームで100%コミットが理想
・価値考察のための一次情報は100%共有する

やらないこと

・事業開発に慣れるまでは、50%参加は避ける

・10％参加の人は、意思決定に絡まない

意図を順に説明します。

■サービスデザインまでは、5人以下のチームで100％コミットが理想

これはダンバー数の紹介でも話したとおりの理由からです。5人以下のチームのほうが、家族に近いつながりを築きやすく、違和感を感じても本音をぶつけ合える、「こそあど」の指示語で会話が通じ合う、などのスムーズな協調を促しやすいのです。

100％が無理な場合も、最低50％以上、できるだけ100％に近いコミットができるようにしましょう。

■価値考察のための一次情報は100％共有する

参考資料からユーザーインタビューの動画まで、自分にとって価値を感じられない情報であったとしても、それを共有せずに自分のローカル環境にだけ保存するのはNGです。どの情報がBTCそれぞれにとって玉であるのか石であるのかは異なります。主観的に取捨選択せずに、全体に共有することが大事です。

■事業開発に慣れるまでは、50％参加は避ける

他の業務と半々で業務を行うと、刻一刻と状況が変化し続ける新規事業においては、他メンバーとのスムーズな情報連携が難しくなることや、本人にとっても優先度の高い作業を偏重し、50％稼働なのに結果的に70％稼働している状況に陥るなんてことも多くあります。複数業務を並列の優先順位で掛け持つことに慣れるまでは、任せられる業務範囲（役割）がふらつくので、できるだけ１００％で数回経験したほうがベターです。

■10％参加の人は、意思決定に絡まない

これは外部の有識者にコンサルやメンターを頼む際などに起こりがちなシチュエーションです。その道のプロから意見をもらうことは非常に有意義ではありますが、実際にプレイヤーとして実行するのは１００％稼働のメンバーたちなので、「その指摘はごもっともだけど、いまのリソースではできないかな……」といった意見と現実のギャップも生じがちです。それを避けるためにも、あくまでも参考として視点提供を受けることだけに役割を絞るべきでしょう。

これらの前提がクリアできたチームを作ることが、新たな価値創造の大前提となることを、覚えておきましょう。

異能チームのコミュニケーション設計

異なるスキルの人とコミュニケーションをするうえで、まずは互いの文化が違うことを認識する必要があります。

悩ましいことに、異なるスキルの人たちは、生まれも育ちも違うタイプの人であることが多く、同じ学校にいても、同じグループに集わないタイプだったりします。

かくいう私も、新卒から戦略コンサルとして過ごした20代は、ほぼすべての仕事をBiz人材とのコミュニケーションで過ごした結果、Tech人材やCreative人材の人々のことは成果物を通してしか知らないため、どんなスキルの人と、どんな情報を共有しながら協力するべきかが、さっぱりわからなかったものです。

新規事業を創る濃い時間においては、そんな異なる人たちとともに、親友や家族よりも密なコミュニケーションを行い、互いの力を信頼して突き進む必要が出てくるのです。

会議していても、想像もしていない観点からの意見が飛び出てきて苦しむはずです。でも、暗中模索で価値を創るときには、異能同士が建設的な喧嘩（議論）をしないと本当はいけないのです。

異能同士のコミュニケーションで最も大事なのは、**「相互理解」と「尊重」**です。1章でも述べましたが、スキル・経験・環境要因のバイアスを自覚し、相手の領域のことに興味関心を持つことから始めなければいけません。

メンバーの温度を上げるキックオフ

具体的なアクションをお伝えします。

同じビジョンを共有できそうな、BTCの異能が集まった5人以下のメンバーが集められたら、必ず行うべきことがキックオフです。

キックオフの目的は、「プロジェクトの前提条件をチームメンバー全員で完全一致させ、温度を上げること」です。

高密度で一緒に価値創造に向き合っていくチームの求心力を作るコミュニケーションには、2つの方向性があります。

■成功した世界を想像する

価値創造によって、得られるもの「金銭／社会貢献／自己実現に関するインセンティブ」を共有し、今回の成功がチーム全員にとって幸せにつながるというビジョンを共通認識にする。

■危機感を共有する

現状のチームが持っている運営資金から逆算して、「いつまでに、どんな価値を証明しなければ」という具体的なサバイバル条件を共有する。

この2つをプロジェクト開始前に、共通認識として伝えるだけで、全プロセスにおいて、全員のやり切る力が変わってきます。

そのうえで、メンバー1人ずつに、このプロジェクトにかける想いや成し遂げたいことを、言葉にしてもらうと良いでしょう。

事例として、Sun Asteriskでご支援しているファーストペンギンズさんのキックオフの景色をお伝えします。

ファーストペンギンズさんは、2021年7月に設立された会社で、部活動向けプラットフォーム事業「BUKATOOL」の開発・運営などをされています。

キックオフ当時の課題は、チームの職能が、Biz人材のCEO、学校の先生、地場のスポーツ用品店・スポーツブランドオーナーとわかれている中、バラバラに考察していて、ユーザー課題がしっかり言語化されずコンセンサスが得られていないことでした。

キックオフの冒頭に一般論としてのスタートアップのファイナンスと戦略の話を共有したうえで、以下2つの選択肢を確認しました。

戦略①：大きく資金調達して提供したいソリューション全部を制作してさまざまなKSF（主要成功要因）を一気に取りにいくという戦略をとるか

戦略②：検証すべきKSFを1個にしぼってPMF※を図り、他のソリューションはその後の横展開とするという戦略をとるか

そして代表がチーム全員の前で②の戦略を選択しました。

PL（損益計算書）を確認して、いまのバーンレート（資金燃焼率）だといつごろにキャッシュがなくなるかを確認・逆算して次のファイナンス計画を立て、初期のシードラウンドとしての

※PMF（プロダクト・マーケット・フィット）：商品やサービスが、市場や顧客にフィットして、適切に受け入れられている状態のこと。事業の初期段階では「顧客を満足させる商品」に目を奪われがちだが、「どの市場に商品を売り出すか」という点が重要であるという考え方

ファイナンスなら、CPF※（カスタマープロブレムフィット）とPSF※（プロブレムソリューションフィット）はおわらせたいし、時価総額を上げていくなら簡単なプロトタイプとPSFが見えるような結果を出したいよね、という話を共通認識として持ちました。

ここで大事なことは、成功した世界で時価総額を上げていくことを想定しつつ、いつまでに何を実証しなければ、資金がショートするか、という危機感の認識合わせができたことです。

この結果、とても強いチームとしてその後のメンバーのコミットメントが高まり、考察のスピードも大きく上がりました。

その流れで行った一泊二日の合宿では、リサーチ結果をもとに顧客（学校の顧問の先生）の課題の洗い出しを行いました。そこでは、すべての部活のリサーチ内容を録画し、全員が同じものを見たうえで、議論を行うことでそれぞれの異なる視点が絡み合い、違和感を解決できる思考のジャンプが合宿内で突然訪れ、その場で課題解決の手法や価値が生み出されました。

後に各メンバーに振り返ってもらうと、「その後の事業開発において、全員に強い共通認識と連携が芽生えるきっかけとなった」とのコメントが挙がるほどの成果がありました。

合意形成のための2つの役割

コレクティブ・ジーニアスなチームでは、BTCが優先順位を提示しあって、リーダーがいなくとも合意形成や意思決定ができることが理想です。

しかし事業開発が進むと、意思決定が必要な2つのタイミングが訪れます。

- ▪チーム内の合意形成のシーン
- ▪投資家（社内意思決定者）との意思決定のシーン

前者のチーム内の合意形成のシーンは、既に獲得している投資額やリソースの中でどこに注力するかが論点になり、チーム内の裁量で意思決定がなされる範囲です。

ここでは、新規事業で不確実性が高い状況なため、高い熱量の人が意志を突き通し、自らも

※CPF（カスタマー・プロブレム・フィット）：ユーザーが抱える課題の解像度を上げるプロセスのこと。顧客の課題が実在するか、課題を解決する価値があるかを検証する

※PSF（プロブレム・ソリューション・フィット）：ユーザーの課題を解決する商品・サービスを提供している状態のこと。PSFに到達した後で、前述のPMF（「顧客の課題を解決する製品」の「適切な市場の選択」）を目指すのが一般的

強力に推進することで合意形成を促すことが多いものです。

またＢＴＣの間で「事業性が高いセグメントを探るのはＢの人が」とか「ユーザー体験のあるべき姿はＣの人が」など、ＢＴＣごとのカバー範囲内のことは、改めて優先順位の議論を仕切らずにまかせ合えることが多いものです。そうできる範囲が広ければ広いほど、事業開発の速度は上げられるものです。

しかし、カバー範囲をまたがるチーム全体のリソース配分の際には、どうしてもズレが発生し、合意形成を図る必要が出てきます。

このために、便宜的にプロジェクトマネジャーとプロダクトマネジャーを置くことが有効になります。

■プロジェクトマネジャー（ＰＭ）

「期限内に目標を達成するために、タスクのＰＤＣＡを回す責任を担う」

サービスデザイン時はBiz人材が担い、プロダクト開発時はTech人材が担うことが多い。その後、事業開発の重要性が上がると再度Biz人材が行うことが多い。

■プロダクトマネジャー（ＰｄＭ）

「エンドユーザーのニーズを満たし、事業目的を達成する責任を担う（それだけに専念）」

サービスデザイン時は、顧客価値にコミットするCreative人材が向いていて（そうされていないことが多い）、プロダクト開発時はTech人材が担う。

この2つの役割と責任を設定しておくことで、サービスの方向性をピボットする合意形成を迅速に動ける体制を作れます。

PMとPdMの責任を分担する効果は大きいもので、例えばPMが期限内の目標達成に意識を向け過ぎているときに、PdMが「いまのサービス仮説はすぐれた価値を提供できる目途が立っていないから、大本の議論を再燃させるべきだ」というような〝そもそも論〟のけん制を行える効果を特によく感じます。

そして「投資家（社内意思決定者）との意思決定のシーン」では、投資額やリソースを決める区切りの数カ月ごとのタイミングと、プロダクト開発など桁が変わる投資が必要になるタイミングがそれにあたります。

ここでも、PM・PdM中心に「前期投資の期待効果や検証内容に対する効果の説明」「次の検証ポイントやその期待効果と妥当投資額だという主張」が必要となります。

企業内だと意思決定者がBiz人材の性質であることが多いため、望ましい意思決定を促すためには、Biz人材の人がその意思決定者が意識する経営判断要素を想定した起案が求められることが多いのが実態です。

このチーム内のシーン、投資家との意思決定シーンの両面で、その時々の主要論点に合わせて動的にPM・PdMの責任者を明確にするようにしてみてください。

イノベーションを生むチームのカルチャー

「5人以下でBTCがいる」という構成メンバーの前提条件に触れてきましたが、BTCの詳細の議論に入る前に、チームが持つべき文化的側面についても触れておきたいと思います。

多くの先行研究があるため、他文献を参考にするところから始めます。

先ほど人数の話で触れたロビン・ダンバーのさらなる主張として、協調を促進するためには6つの要素を満たす必要が言及されています。

- 自分以外との接点
- 頻ぱんなコミュニケーション
- 見える化された状態
- 信頼される関わり方

■価値観の共有
■競争しても得しない状況（ゴールの共有）

この6つです。小さな人数で編成されたチームでは、これらの要素を満たしやすいのです。

また、チーム作りに関する最近の名著『THE CULTURE CODE 最強チームをつくる方法』では、類似の要素がシンプルに3点挙げられています。

■安全な環境を作る
■弱さを共有する
■共通目的を作る

これらが徹底されていれば、高度な人を集める必要はなく「誰を集めるかよりもメンバーが何をするか」が大事で、小さな行動が大きな違いを生む、という主張がされています。

そして、デザイン思考の課題に触れ、意味のイノベーションという観点で語られているロベルト・ベルガンティの『突破するデザイン』では、以下のような主張があり、チームが持つべき文化についいては、ここにも含蓄があります。

「問題解決を基本とするデザイン思考は、問題を解決するというスタンスから始めるが故に、小粒なコンセプトになりやすい（例えば、フォードが車を作る前の世界では、人は速い馬がほしいと言っただろう）」。

このような問題解決の限界を語っており、**個人の中から独創的に出てきたアイデアをもとに発展させるような「意味のイノベーション」を考える必要がある**と議論されています。

その前提で、さらにチームの文化に関係する部分としては「民主的チームからは、縮こまったコンセプトしか生まれない」という課題も挙げられています。意味のイノベーションを起こすためには、自分自身の内からの仮説で始めるため、批判的な精神でのチーム間の議論が必要不可欠で、そのためには、

■掘り下げる力

ビジョンを壊さずに、互いに信頼し、尊重し合ったうえで、互いの疑問を忖度なくぶつけ合い、厳しい批判も交えて掘り下げる力があること

■専門性

イノベーションの対象に独自解釈を持つような専門性を持っていること

が必要だと語られています。

これらの先行研究を踏まえて、Sun Asteriskの多くのメンバーとの議論から、以下のように3つの条件に集約しました。

①専門性を持ったBTCがいること
②相互に尊重し合う心理的安全性の高い状態で、忖度なく意見を言えること
③各自のミッションのつながりが見える化され、全員が迷いなく全力を尽くせること

①は既に語られているので、②③について補足的に語ります。

「②相互に尊重し合う心理的安全性の高い状態で、忖度なく意見を言えること」ですが、多くの新規事業経験者がこぞって挙げるチームの文化の条件として「違和感を口にできるチームであること」がありました。

Sun Asteriskでは、新卒1年目で経験が少ないチームメンバーだとしても、「違和感を口にしないことは責任放棄だ」とまで言われます。

経験がなくてもいちユーザーとして想像はできるのですから、議論の中で違和感は感じることができるはずなのです。

この違和感が、価値を考えるうえでのけん制機能として必須なものです。

事業コンセプトの議論が煮詰まってくるとチームに入ってくる情報に偏りが起きるものですし、大事な箇所が曖昧なまま議論されることは絶対に起きます。その際には、同じ情報量を持っている異能人材の違和感をチェック機能として働かせないと、前提がおかしいまま進んでしまいます。

新規事業をやっていてつくづく思うのは、何となくかすめた不安を放っておくと必ずしっぺ返しがくることです。ネガティブな予想はすべて当たるが、ポジティブなタラレバはほとんど当たらない、というのが現実なのです。

そのネガティブな直感も含めて、課題が見つかった！　伸びしろだらけだ！　と建設的に向き合えるチームだけが新規事業をうまく進めることができるのです。

次に「③各自のミッションのつながりが見える化され、全員が迷いなく全力を尽くせること」ですが、既存事業と新規事業が両立されている組織ではこの点が特に大事になります。ミッションのつながりを、現場で片側から見いだすことは難しいもので、お互いに対立したり忖度したりしてしまうことが起きやすいため、各自のミッションのつながりを明示的に見ることが大事なのです。

具体的な例を挙げましょう。

[図表3] 事業構造とミッションのつながり

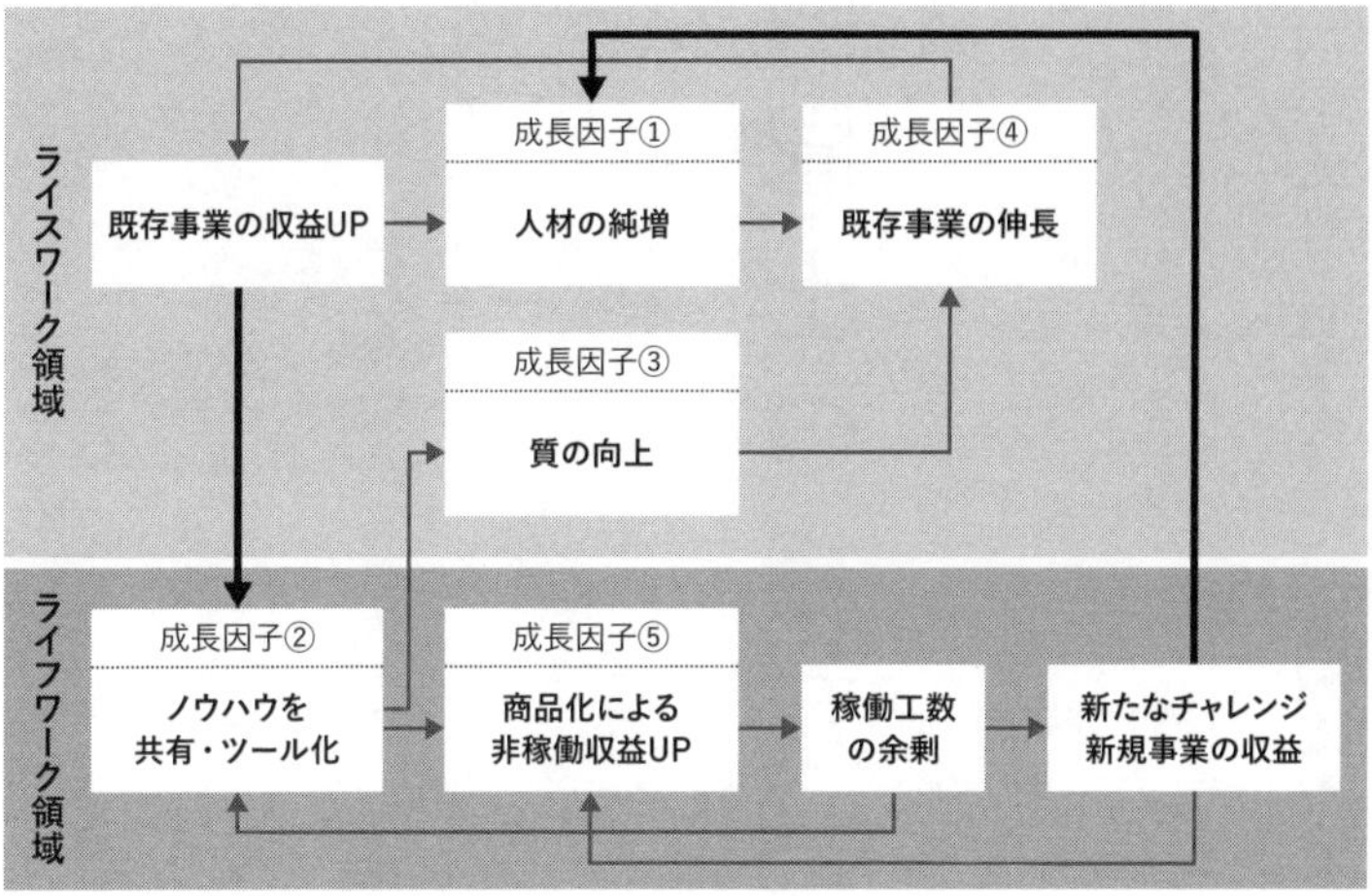

業務委託型ビジネスで他社支援をしながら、自社でも新規事業サービスを創っている企業では、各自が持つミッションと事業の成長因子のつながりを、月に1回は更新して全社員と共有しているそうです。

図表3はその部分を簡略化して抜き出したものです。

自分が所属しているチーム・組織が何を実現しようとしているのか、を構造的に理解し、それを常に見ながら動くことができていると、各人が自ら考え自発的に動く最高のチームの素地になることは確実です。

また、「ライスワーク（生存のための仕事）」となる既存事業の収益UPを目論む領域」と「ライフワーク（生きがいのための仕事）として、新たなチャレンジを通じて新規事業の収益に向けて動く領域」を断絶せずにお互いのミッションに良い循環が起きていることを表現している点が重要なポイントです。

これによってその組織は、個人の目標設定時にも迷いが起きにくくなり、各人の動きが格段に良くなったそうです。

これらは、新規事業のキックオフの時点で完全な構造になっていなくてもMiroなどのツールで表現し始めておいて、1カ月に1回程度はそもそも論として、どんなことをゴールに設定するのか、刷新・共有を行う癖をつけると非常に良いので、実施してみてください。

異能同士の相互理解のポイント

この章の冒頭で、価値創造の主役であるBTCについて定義をしましたが、大切なので改めて、それぞれの職能が向き合っているミッションを整理します。

Biz人材：事業起点で、価値を最大化する持続可能な仕組みを作る能力者

Tech人材：技術起点で、理想的な価値へのアイデアを実現する能力者
Creative人材：顧客起点で、理想的な体験価値を見いだす能力者

それぞれの立場は、実務の性質上、向き合っているミッション、つまり大事にしているものが異なります。それによって物事のとらえ方や表現方法が異なり、しばしばいざこざになります（笑）。

一方で、それぞれの専門となる事業部や現場だと「大前提、これは大事でしょ」という共通認識があり、かつ普段はわざわざ言語化しない、説明されないことがほとんどです。

しかし新規事業では、BTCが密にコミュニケーションを繰り返すので、それぞれが仕事に向き合ううえで、大事にしている視点や価値観を理解していくことが大事です。互いの主張を理解していくうえで、「考察時の主語の置き方」を理解しておくと、相互理解が早くなるでしょう。

Biz人材は、主語が会社や事業。事業を最大化させながら持続可能な状態を作っていくために、市場性・競争優位性があるか／利益を生めるか／資金が枯渇しないか、など事業性に意識が向きます。

Tech人材は、主語が技術やプロダクト。最後の最後、プロダクト開発の重責を担う身ですので、理想的な価値を本当に実現できるのか／納期を守れるのか、に強く意識が向きます。

Creative人材は、主語が顧客やユーザー。ユーザーにとっての理想的な体験価値に一番責任を持つ立場で、最終的にプロダクトを手に取ったユーザーがどんな体験価値を得られるのか、に強く意識が向きます。

Biz人材は事業の持続性を考えなければならないので、〝事業や会社〟を主語にして考えることが多くなり、その逆がCreative人材で、常に〝顧客やユーザー〟を主語にし続けます。Tech人材は〝技術やプロダクト〟がそれを実現できるのか、を主語に考えることが多くなります。

BTCミッションの綱引きがうまく働いていない事業開発の例を挙げましょう。

多くの企業では、新規事業に際して、経営陣からの意向や承認から展開されることが多いため、Biz人材が力を持ち方向性を決める傾向にあります。Biz人材が、Tech人材やCreative人材の力はその実現手段だ、という感覚に陥ってしまうことがよくあります。

その結果として、数カ月考察し創られたサービスのプロトタイプが「誰が使いたいんだっけ？　というユーザーの有用性が脱落したもの」や「開発の費用対効果の低い機能が優先され、工数だけかさんでしまうような技術的な実現可能性を加味できていないもの」になったりするのです。

よくあるパターンを考えてみましょう。

①Tech人材を考察初期に入れず、時間を無駄にするパターン
エンジニアにプロトタイピングしてもらったら、1週間で簡単に検証できることを、BとCで頭をひねるだけの時間を半年過ごしてしまうケース

②Creative人材の軽視によって、手触りのないサービスが生まれるパターン
抽象度の高い事業の論理的に正しそうな仮説だけが生まれ、コンサルの分厚い提案資料が残ったが、1人目の顧客や具体的な一歩目が見えず、いつの間にか凍結されるケース

これらは、B偏重による弊害であり、この失敗に気づき始めている人も多いです。しかし、本当にまかせられる価値創造に長けたTech人材やCreative人材をチームに入れて、信頼してお互いのミッションをもとに、建設的な綱引きの重要性に配慮ができているケースは少ないものです。

日本ではB偏重でのチーム構成や意思決定基準によって新しい価値が生み出せない例が、枚挙にいとまがないほど多いので、みなさんが、この落とし穴に落ちないことを祈ります。

BTC間の「対立あるある」

新しい価値を創るときには、異能同士が相互に理解、尊重し、建設的な議論を繰り返すことが必要です。

互いの思考の癖を把握するだけで、共感と理解への道は大きく開けます。

BTCの異能同士で起きやすい「すれ違いあるある」のケースを挙げていきます。思い当たるフシがあれば、まずはこの理解から相互理解に昇華させていってください。

「要点を絞りたいB、全項目チェックしたいT」のすれ違いのケース

B「要するになんなの？　簡潔に説明できないということは、価値がぶれてるんじゃない？　そんなこと説明しても部長・役員はわからないから」

T「実現性を具体的に想像できていない要点に、なんの意味があるの？　結局、サービスは開発の中で価値が積み上がるのに、社内説明にばかり力を割いていることが本質からズレてるよ」

Biz人材は多くの場合、会社の中の投資決定者に対しての説明責任を強く持っています。経営陣などに説明をするために、〝要するになんであるのか〟と単純化したがります。要点をおさえることで、合意形成を進め、少しずつでも積み上げていくことを好みます。

それに対して、Tech人材は実際に開発の現場と向き合う人なので、いま話している内容を実現に向けていく際に発生する複雑性や障壁に目が行きます。

これはお互い正しい。両者が責任を果たそうとしているのです。

絶望的なパターンとしては、BとTの関係が受発注のドライな関係に近い場合、問題だらけの状態になります。どうせわかり合えないからと、BとTが責任範囲を完全に切り分けて、インプットとアウトプットを杓子《しゃくし》定規に定義し、お願いしたことができているかと、言った言わないの議論に陥るなど、完全に相互理解を放棄しているパターンです。

このような関係性は、新規事業において愚策です。

1度決めた仮説を、短いときは数日後にはピボット（方向転換）しなければならないことがあり、受発注の内容を固めても、すぐにひっくり返さなければいけないからです。

相互理解と尊重があるチームだと、Tech人材は、Biz人材の説明責任を理解し、できるだけその時々の要点を洗い出して伝え、Biz人材は、Tech人材が向き合っている複雑性を具体的な現象まで含めて興味を持って理解するような関係が成り立っています。

お互いに対話を重ねて、悩みを理解し、考察を深めていかなければならないのです。

「軸をブラしたくないB、柔軟が故に分散しがちなC」のすれ違いのケース

B「先週のプレゼンでみんなで握ったものなんだから、それをいきなり土台からひっくり返して議論するなよ」

C「もっと良い顧客へのサービスの価値が見つかったのに、何を言っているんだ」

BC間の軋轢は、サービスコンセプトの仮説を創る最中にしばしば起きます。まずBT間の軋轢と同様、受発注の関係では新規事業には向き合えるものではなく、相互理解に向くような関係性が重要になります。

Biz人材は説明責任がありプロジェクトそのものの進行に責任を持つことが多いため、途中の暫定解（仮の正解）を固定したがるものです。既存事業で培った合理的な判断を主体にすると、この感覚にどうしても陥りがちです。

それに対して、Creative人材はユーザーにもっと良い価値を見つけたら、暫定解を平気でひっくり返す傾向があります。

暫定解に対する感覚が違うのです。

そもそも新規事業において、暫定解を固定化することはかなり危ない行為なのです。前提として「すべては暫定解」と認識してプロジェクトに向き合う必要があります。サービスが具体化されていく中で、ど真ん中の顧客像のインタビューで、前提を完全に崩されるようなことは多々あります。そのときに、あの会議で握ったことをいまから変えたくない、などと考えてしまうと価値創造が前に進まなくなります。

Biz人材の「暫定解を固定したがる考え方」は、多くのところで問題となることがあります。例えば、iPhoneのない時代に、iPhoneのようなプロダクト開発を進めているチームがあったとします。

ここで「ディスプレイをタッチ操作できるマルチなデバイス」という言葉で価値を固定し、その字面のままユーザーインタビュー／アンケートをしてしまうと「いまの携帯で困ってません」「煩わしいだけ」みたいな回答がくる可能性が高いでしょう。

それを結果として見て、開発を止めた会社があったかもしれません。これだけの価値を世界に生み出せるデバイスの価値を言葉で固定してしまうことの弊害がここにあります。「ディスプレイをタッチ操作できる」という価値もその滑らかさやＵＩの秀逸さにおいては、1点から100点までふり幅が出てしまうはずなので、言葉だけでは非言語の価値を表現できるわけもありません。

それでもBiz思考が硬すぎると、ユーザーインタビューで要らないって言われちゃったから、とその価値があたかも固定化されたもののように評価してしまうことが傾向としてあります。

「実現性を追うT、理想を追うC」のすれ違いのケース

T「現チームでのテクノロジーの限界をまったく理解しようとせず、理想論を言い続けている」

C「実現できることから考えすぎていて、良いものを創ろうとしていない」

こちらも、当然どちらが悪いという話ではありません。

実現性と理想は、単純な議論では対立関係になりがちです。これを対立軸にせず、「実現できる理想」を探ることこそが最重要になるため、Tech人材とCreative人材の掛け算が不可欠なのです。

そのためにCreativeサイドは、テクノロジーの可能性や限界を理解し、実現可能な理想を追う姿勢が大事。そしてTechサイドは、得意領域を活かして顧客視点の理想を追い求めるべく、例えばデータドリブンに顧客視点で改善していく仕組みを提案していくなどの姿勢が大事になります。

そして、BTC3人全員が集まって向き合うべきなのが、サービスを創り届ける最大の目的である「顧客に提供する体験価値（UX）」です。しかし、この議論では特に、技術の実現性を意識しないことによる失敗例を多く見ます。

UXはBTCの総合格闘技だと理解して、お互いの対立に陥らないように強く意識して動かないといけません。

価値を最大化する異能同士の綱引き

ここまででおわかりのとおり、BTCはずいぶん違う背景、価値観を持っていることがほとんどです。

極端に言えば、異能同士で強い共通理解を作っていく行為は、言語や文化が異なる異国の人との交流ぐらいの感覚で考えたほうがいいのです。

例えば、新大陸を発見して、自分1人で生きていくことが難しい場合、そこで出会った現地住民に対し、いままでの自分の価値観を押しつけずに、相手の考え方に寄り添っていくと思います。当然、現地の人がキリスト教を信じていないから劣った人種だとか、支配して導いてやろう、なんて考え方を持っていては、互いの良さを引き出し合って、協働することはできません。

そして、相対的なズレを知ることで、相手だけでなく、自身の立場による癖にも目を向けることにつながります。1章で触れたとおり、自分がどんなスキル・経験・環境のバイアスを持っているかを知ることができると、異能との掛け算で価値を創ることの大きな一歩を踏み出せるはずです。

BTCそれぞれの異能が対話することで、サービス／プロダクトの価値をいかに高めるか、その綱引きは図表4のようなイメージです。

B視点の価値／T視点の価値／C視点の価値、どれが低くても事業はうまくいくわけはありません。一方で、C視点の顧客の体験価値と、B視点の事業最大化につながる価値が両方100点になるようなサービスやビジネスの仮説はなかなかあり得ず、必ずトレードオフの綱引きが発生します。

BTCの各視点でひっぱった三角形の面積が広ければ広いほどそのサービスの価値は高く、事業の成功確率があがります。

先ほどまでの例のようにBiz人材だけの発言が強かったりすると、Tech人材やCreative人材が忖度して、誰にも求められないモノ（面積が狭いもの）になってしまいます。

くわしくは3章で述べますが、多くの場合、サービスコンセプトの主軸はBTCのどれかに

［図表4］BTCの綱引きイメージ

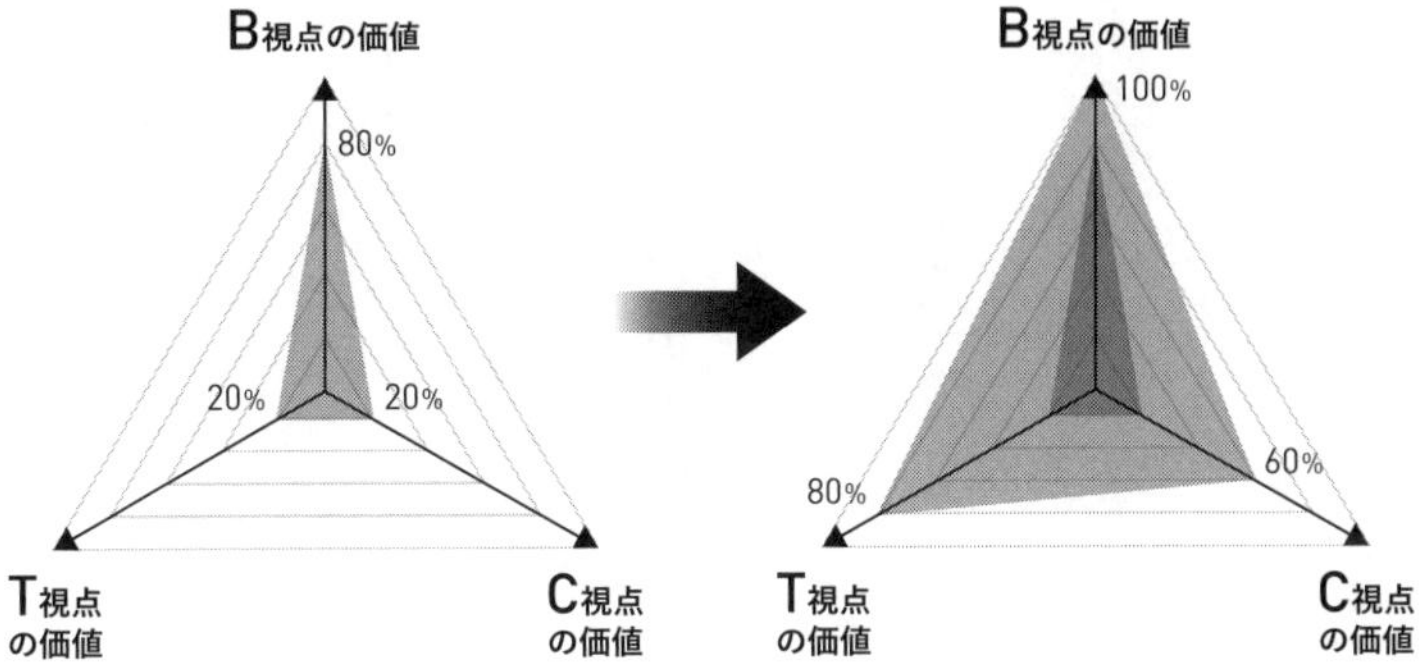

B起点のアイデアにTとCの視点を掛け合わせ、価値を高めたケース

依拠します。その場合、主軸を損なわないように伸ばすことはもちろん大事です。一方で、他方の異能をおろそかにするといつか必ず足をすくわれます。

お互いのミッションに対して、各々プロとして価値を高めることで、良い綱引きが行われ、三角形の面積を広げるための方策をしぶとく練るべきなのです。

このようなメカニズムが存在するため、お互いの立場に対する理解が薄い状態では、ＢＴＣがそれぞれの思考を100％自分の得意に特化して考察することができないのです。

デザインとプロトタイピングの共同作業の効果

ここまでで、BTCのそれぞれの思考の特性を述べて、1章で書いた〝大人の教養〟となる異能同士の相互理解と尊重のための視点をお伝えしてきました。

ここで改めて大事なことをお伝えします。

- **事業開発の基本動作は、デザイン（企画・設計）とプロトタイピング（試作・検証）の往復であること**
- **〝子供の自由さ〟を持ち、異なる領域に踏み込み出すべく試行錯誤し続けること**
- **〝大人の教養〟として、異能同士の相互理解と尊重をすること**

新規事業経験者の方にとっては当たり前かもしれませんが、新規事業は五里霧中であり、机上でアイデアを練るだけでは、不確実性を下げながら進めることができません。デザイン（企画・設計）したものをすぐにプロトタイピング（試作・検証）して、手触り感を持って実態を確かめていくことが大事なプロセスになります。

例えば、私がJINSでThink Labという新規事業を推進していたとき、メンバーの1人に優秀なクリエイティブディレクターがいました。ある時期から、コロナ禍で在宅勤務が推奨され始め、自宅での仕事環境を整えるのが難しいという声が聞こえるようになりました。我々も「自宅にもThink Labと同等の集中できる環境を作りたいね」という話になりました。

1つのトピックとして「机や仕切りの壁をどんな素材・形状にしたら良いのだろう?」と議論していました。

するとデザイナーが、次の日にはCADでのイメージを即興で作ってきて、いくつかの種類の素材を、実際に現場に持ってきてくれました。それにより重さや手触り、光の反射の仕方などの実感値がメンバー間に共有され、みなの議論が急速に進むようになりました。

こうしたデザインとプロトタイピングの実践の中で改めて大事なのが、〝子供の自由さ〟です。自身の専門領域に関しては、自信があるものの、他の異能の専門領域に対して、一線をひくと、互いのスキルが魔法の杖かのように過度に期待したり、遠慮してしまったりします。逆にうまくいかないときは、「あいつの仕事は本当にベストなのか」「もしかしてやる気がなくてサボっているのでは」などと疑心暗鬼に陥ったりします。

例えば、Biz人材の私は、Tech/Creative人材がやっていることがすごいと思っている一方で、事業計画書や競争環境分析を書くと、Tech/Creative人材にとっては、それは魔法の杖のように感じられるということです。

それはお互いに相互理解が足りず、実務の手触りがないからです。

そんなときは、〝子供の自由さ〟を持って、「わからない」「自分の領域ではない」と区切らずに、議論し、試行錯誤して、相手を尊重しながらも、相手の聖域に一歩踏み出すことが必要なのです。

具体的には、デザインとプロトタイピングにおいて、BTCそれぞれが「相手の領域を知っていく、一緒にやってみる、試してみる」こと、つまり子供の砂遊びのように、自由に手を動かすことがとても有効です。

これまた実体験をお話しします。

私はゴリゴリのBiz領域出身でしたので、アプリのワイヤーフレームを作る作業は、自分にはまったく不可能なことのように感じていました。

しかしCreative人材のメンバーに教えてもらいながら、ブラウザ上でUIデザインができるツール「Figma」を使って小一時間作業をしたところ、「Cの人はこんなふうに考えてやっているんだな」というのがわかり、その後のサービス詳細化に関するCreative人材との議論や作業は、ずいぶんとスムーズにできるようになりました。

もちろんスピードやクオリティでは雲泥の差がありますし、相手の仕事を奪うようなマネはしません。

そんな中で、BTCにおける最低限の知識、つまりリテラシーがメンバーに蓄積されることになります。リテラシーとは、平たく言うと「基本的な読み書きの技術」のことです。

つまり相手が言っていることがわかる、基本用語を知っていること。相手にどのように要望を伝えればいいかわかることが大事です。

「事業戦略議論のときは、KPIとKSF、フェルミ推定とはざっくりどんなものか」

「WEBサイトのことを議論するのにHTML・CSSがざっくりどんなものか」

「ユーザーモデリングやUXデザインの基本的な進め方はざっくりどんなものか」

こういったことが〝ざっくり〟でもわかっていれば、コミュニケーションコストに雲泥の差が出ますし、その結果、互いのフィードバックの精度が上がり、品質が上がります。

もちろん1章でお伝えした、〝大人の教養〟を活かして、それぞれの異能の領域については尊重することが大前提です。

あくまでも提供価値の仮説（暫定解）について、共通認識化ができることが大事です。

くわしくは次の3章で、サービスコンセプトにおける価値のレイヤーをすり合わせるための具体的な方法をお伝えします。

なぜ大企業は0→10ができなくなるのか

ここまでは、新規事業における異能のチームが踏まえるべき〝大人の教養〟について、語ってきました。**ここからは既存事業と新規事業の対比を通して、新規事業を生み出すときの構造的な課題と新しい価値を創る組織のカルチャーについて、お伝えします。**

組織との軋轢に苦しんでいる人、新規事業がなかなか活性化せず困っている大企業の人、なかなか新サービスを生み出せないメガベンチャーの人の参考になるはずです。

もし自身のチームが、うまく立ち上がって、チームを取り巻く組織的な課題があまりなければ、本章はとばし、次の3章の方法論に進んでいただくと良いです。

経済学において、**経路依存性**という「制度や仕組みが、過去の経緯や歴史に縛られる「現象」があります。

いま大企業と呼ばれる企業も、元々はスモールビジネスやスタートアップだった時期がありますます。0→10の領域を強力に推し進めて、競合に水をあけながら勝ち抜いてきたはずなのに、なぜか0→10の価値創造ができなくなってしまう。

大手のカメラメーカーが、なぜかスマホカメラへの移行にうまく手を打てなかったケースなど、この例には枚挙にいとまがありません。

この現象にはいくつもの先行研究があります。

経営学者のクリステンセンが書いた名著『イノベーションのジレンマ』では、以下の2点が挙げられています。

① 賢く合理的だから

既存事業のKPIとズレる。主要顧客／株主の目を気にするから

② 大企業病だから

成功体験から抜けきれず、既存の仕組みに過剰最適化され、変化のコストが高いから

破壊的成長（0→10）の種は10→100の大企業で生み出されることが多いが、主要顧客や株主などの関係者からの意見で拒絶されてしまう。その結果、10→100を伸ばす持続的成長に舵を切ることになり、新興企業の破壊的成長によって、気づいたときには実績ある会社が負けてしまう、という現象について語られています。

人事・組織論の研究者ピーター・センゲの名著『学習する組織』では以下のように述べられ

ています。

学習する組織とは、ロボットと異なり、生命のようにしなやかに変化でき、変化に柔軟な対応ができる組織のこと。生物の進化論的に言えば、変化に対応できる種が未来に遺伝子を残せるのだから、この条件をクリアできる組織は、イノベーションのジレンマにはまらず、新しい0→10の世界にチャレンジしていける組織であるはずだ、と。

学習する組織を作るための5つのディシプリン（規律）がこちらです。

①**システム思考**：全体像から要点をついて、レバレッジをかける力
②**自己マスタリー**：ビジョンからのギャップをつかんだ自己マネジメント
③**メンタルモデルの克服**：固定化されたイメージを見直す
④**共有ビジョンの構築**：結束（軸を持つことが必要）
⑤**チーム学習**：チームが成長する。意見交換とディスカッション

逆に言うとこのディシプリンがない組織は学習できず、新しい事業はもちろん創れないことになるわけです。

ここから見えてくる、0→10　10→100の世界との根本的な違いは**再現性の有無**です。1章で

語った不確実性とは、再現性がないことの裏返しです。

10→100の過程で強い成功パターンを持った後だと再現性が見えている世界であるため、関係者は確証を持った力強い意思決定をふりかざします。

「KPIツリーを見せながら論理的にそのリターンを説明できる投資」と「再現性が不確かな状況で、蓋然性が低いリターンしか説明できない投資」だと前者を選んでしまう。

確かな成功が新しい成功の邪魔になるのは自然なことなのです。

では、改めて組織内で0→10のカルチャーを活性化するにはどうしたらいいのか。

これについて、私が所属するSun Asteriskでも多くの企業とこの課題に向き合ってきました。

現在、武蔵野美術大学の山﨑先生と1年ほど共同研究をさせていただいています。

まだ研究自体は過程にありますが、新規事業開発を目的とした組織／文化づくりに長けている企業10社（LIFULL、マネーフォワード、freee、Ubieから超大手企業まで）にインタビューや議論を重ね研究をしています。

その調査研究を踏まえ、「10→100の既存事業を持つ企業が、どうやって0→10文化を取り戻すか」という課題を紐解きます。

既存事業の組織カルチャーの違い

まず既存事業部の10→100組織と新規事業部の0→10組織の違いを、経営戦略と組織体制で整理すると図表5のようになります。

この中で押さえておきたい、大企業による新規事業の多くの失敗は、上流から下流に計画どおりに進める前提のウォーターフォール型に最適化された企画・開発をそのまま新規事業の組織に組み込んでしまうことです。

この不確実性を下げていく方法を、一般的な考え方として広めたのが、米国起業家エリック・リースの『リーンスタートアップ』です。最小価値をデザインし、プロトタイピングしてアジャイル(俊敏)に創るサイクルを回します。スタートアップのソフトウェア開発におけるバイブルですね。(これを踏まえた具体的な方法論は、3章で深掘りします)

日本では、国全体の成功体験が設備投資型の製造業に多いこともあり、ソフトウェア開発の成功パターンに慣れていないことも、このリーンスタートアップ型で不確実性を下げるプロセスに移行しにくい背景だったりします。

図表5のうち、再現性や事業開発の指針は折に触れ語ってきたので割愛するとして、人間関

［図表5］0→10と10→100の組織の違い

	0→10	10→100
再現性	まだない	もうある
事業開発の指針	不確実性を下げる	確実性を上げる
人間関係の基礎	信頼	信用
責任範囲	全体	部分
組織体制	ホラクラシー型	ピラミッド型

係の基礎と、責任範囲、組織体制について特筆してお伝えします。

0→10の組織と10→100の組織では、人間関係が大きく変わってきます。

人が多くなり所属組織が大きくなった経験がある人はどなたも、「昔はもっと切磋琢磨していたよね」という感覚を覚えることがあるでしょう。スタートアップにお勤めであれば、「30人の壁」「50人の壁」「１００人の壁」という言葉を聞いたことがあるかもしれません。

私がこれまで所属した会社でも、１５０人くらいまでは分業も曖昧さが残り、密で能動的な動きがマストでした。

しかし、0→10の世界は極端に言えば、時に「命を預け合うファミリーフッド」のような濃いつながりが生まれます。学校で同じグループだったような、気の合う同士ではなくても、濃い時間を過ごすなかで、共にハードワークをやり遂げると、感情的なつながりが芽生えるものです。

もう少し別の言葉で言えば、プロ同士でありながらも、「信用」から「信頼」の関係になります。

信用と信頼は似た言葉ですが、信用は「過去の実績から、確かなものと信じて受け入れること」を指すのに対し、信頼は「未来の行動を信じて頼りにすること」と言えます。

本章の最初に、ビジョンが一緒でスキルが違うと話しましたが、だからこそ0→10の世界では、相互理解をベースに、事業コンセプトについて同じビジョンを持っていることが大切になってくるのです。

ビジョンへの共感がないと、お互いの機能をオーバーラップしあって能動的に動くのは難しいと言わざるをえません。

逆に言えば、未来に共感できる人と働くことが、0→10の最大のおもしろさの源泉だと思います。

ピラミッド型組織の課題

図表5のように、10→100の世界では役割や責任範囲が明確なのですが、0→10の世界では、少人数のメンバーで事業全体に責任を持ちます。

組織の体制に関しても、10→100の世界では、「最速かつ費用対効果の高い形で、事業拡大を行っている状態」ですので、効率的に事業運営ができる階層型のピラミッド型組織にすることが求められます。

それに対して0→10の世界では、個々人の大きな裁量と自主性を重んじたホラクラシー型組織が向いています。ホラクラシーとは、社内に役職や階級のないフラットな組織形態で、意思決定権が組織内で分散される組織です。

正解がない世界では、各人が機能をオーバーラップすることもありますし、昨日考えていたことを大きく否定してミッションを変えることも多くあるため、ピラミッド構造の上司にその都度確認しているようではスピードが保てません。

一方で、10→100のピラミッド組織から、新規事業部のみをホラクラシー型組織に移行することには心理的にも構造的にも大きなストレスが掛かります。

そのため、ホラクラシー型で進めるためには、高い頻度で目標をすり合わせる仕組みや、セルフマネジメント能力の育成とメンターをつける仕組みなどが必要になります。そして、それ以上に大事なことが、**全員がお互いのOKR**[※]**を見られる状態を作り、無駄な猜疑心をなくすた**

※OKR（Objectives and Key Results）：目標（オブジェクト）と目標の達成度を測る「主要な成果（キーリザルト）」のこと。目標の設定・管理を通じ、組織で同じ重要目標に取り組んで成果を挙げるためのマネジメント手法

めの見える化を行うことです。

なかでも特に悩ましいのが、組織内の人間関係に強い影響を与える評価基準です。既存事業からのギャップについて、妥当性のある評価基準設定が難しく、明確な答えがまだありません。10社へのインタビューでも、悩みどころの1つでした。

10→100の世界では、期待収益がそれなりに見えているのでその収益を組織で分け合うことが基本になるため、差を見て良い評価と悪い評価を相対評価する必要が出てきます。

それに対して、0→10の世界では期待収益が大きく上振れも下振れもするので、うまくいった場合は全員の評価が高くなるのが自然です。個々人を相対評価することが難しい環境であるため、どうしても評価に妥当性を持たせ難くなるものです。

内部的にはホラクラシーのフラットな組織形態を取りつつも、フェーズによってはPMもしくはPdMの役割を設け、メンバー1人1人と密なコミュニケーションを行う必要があるでしょう。

1つ言えることは、1章末（P48）のコラム「価値創造のための経営のトップイシュー」でも語ったように、情報の透明性を担保しながら**「心理的安全性」**と**「経済的独立性」**を担保するような評価基準と運用に意識を向けることが大切です。

［図表6］サイロ化したBTC組織の個別最適

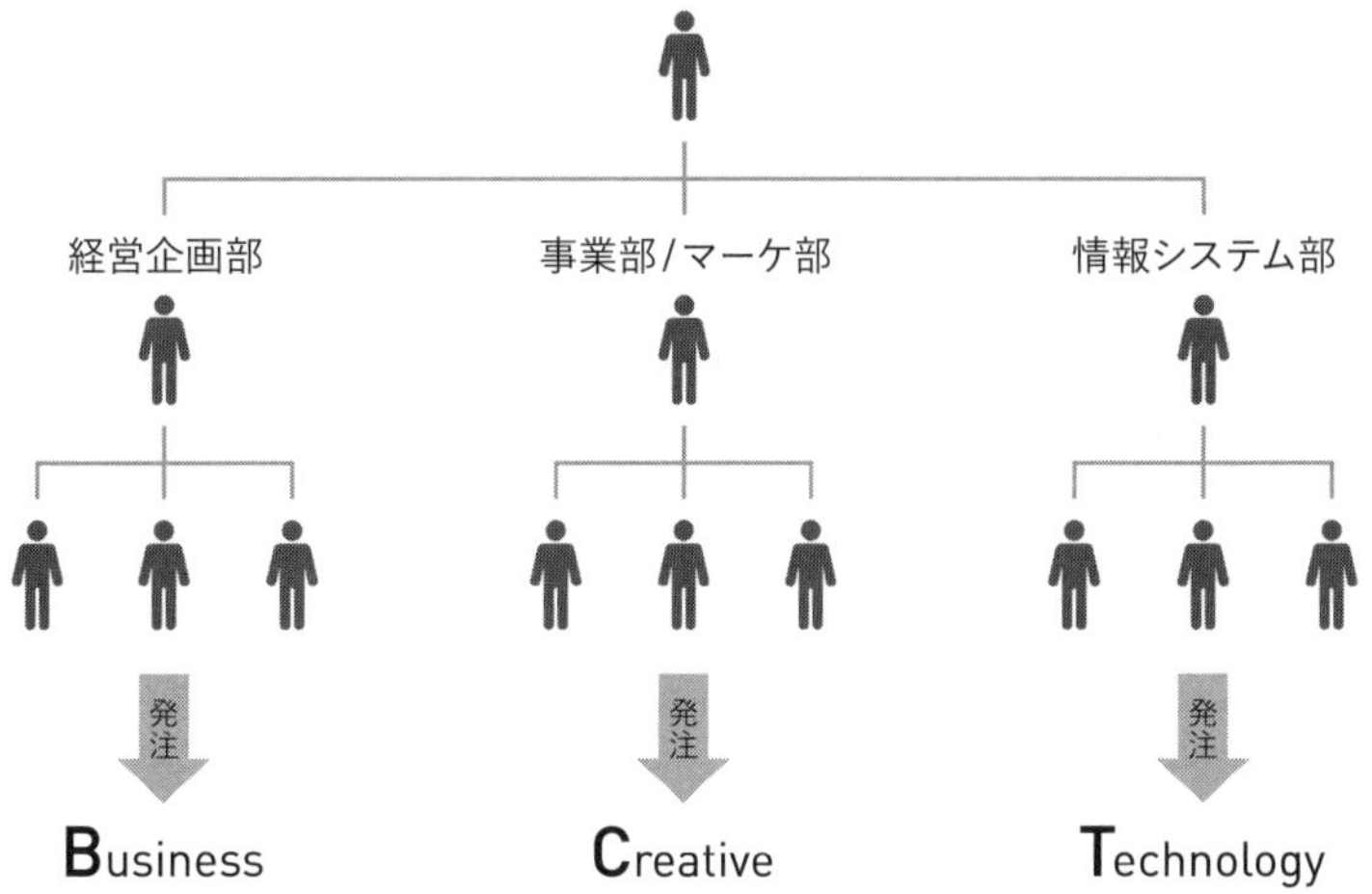

ピラミッド型組織のまま新規事業に向き合う場合には、１つ課題があります。

10→100事業の運営は、効率的な事業運営のために、機能の縦割りが求められる結果、図表６のようなサイロ化した組織になってＢＴＣの密連携がしにくい状況にあります。

経営企画部門が経営コンサルなどのBiz人材と協業し、情報システム部門がSIerなどのTech人材と協業し、マーケ／商品部門がデザイン制作会社などのCreative人材と協業するなど、ほぼすべての企業において、ＢＴＣのスペシャリストは独立して機能する関係性になります。

そのため、新しいサービス／プロダクト創造に必要なスペシャリストに距離があり、シナジーが生まれにくい構造にあるのです。

もちろん大企業内で新規事業をやることには、

とても大きなメリットがあります。それは莫大な既存アセットを活かせることです。そのため以下の2つが求められます。

①初期フェーズは、既存アセットを活用した新規事業への効果を描く
②成長フェーズ以降は、既存事業への還元効果を描く

新規事業そのものの収益性だけでは、不確実すぎて1千万円程度のMVP開発にしか踏ん切れない状況でも、②の建前があるため、1桁上の億単位の投資に対して、期待する効果を確実性高く語れる。それによって、新規事業への投資判断をスムーズにしたり、大型投資のきっかけになることが多いのです。

(②を意識しすぎて、新規事業のミッションを見失ってしまうケースも目にしますが……)

逆にスタートアップでは、リソースが逼迫して、BTCの要素が欠けたまま価値創造プロセスが回らなくなることが主な課題ですが、お互いの機能が近くにいて日々オーバーラップする必要が出てくるため、BTCの相互理解/活かしあいが進みやすいのは確かなのです。

10→100の世界から0→10を実現するためには、この構造とはまったく違う力学の出島を作ることが必須になります。

「ゼロイチのカルチャー」を取り戻す方法

ここまでは10→100の既存事業が強い組織では、確かな成功が新しい成功の邪魔になる傾向が大変強いこと、そして組織体制が同じままでは、さまざまな軋轢が生じることをお伝えしてきました。

ここからは、組織において一度失われた**「ゼロイチのカルチャー」**を再び育むための組織と文化に特化した話をしたいと思います。

ここで言う**「カルチャー」とは、実務を通して定着する行動パターンのこと**であり、新規事業を活性化し成功確度を上げるための具体的なアクションはどのように育まれていくのか、を見ていきたいと思います。

多くの大企業が希望をもって、新規事業のアクセラレータープログラムを行ったり、私も参加している経済産業省主導の国家プロジェクト「始動 Next Innovator」や企業内起業を斡旋する仕組みづくりなど、ゼロイチのカルチャーを取り戻すための取り組みには枚挙にいとまがありません。しかしその取り組みに絶対的な正解はなく、産業や会社の風土によってもうまくいく取り組みは違うようです。

「はじめに」でお伝えした武蔵野美術大学の山﨑先生との共同研究のテーマは、ゼロイチのカルチャーの育み方／取り戻し方で、そこに挑戦している企業10社のキーマンへのインタビューを行っています。研究途上ではあるものの、この分析を通じて、以下のことが見えてきました。

- **前提条件**：明快な危機感が共有されていること
- **フェーズ**：3つのステップと3つの壁が存在すること
- **重要アクション**：壁を乗り越える方法は人事／制度／コミュニケーションの総合格闘技であること

特に経営メンバーや事業環境を作る立場の人にとって、自身の組織や会社がどの段階で何をすべきなのか、参考になればと思います。

カルチャー作りは「危機感の共有」から

そもそも、なぜ新規事業開発をするのか。インタビュー対象の10社が驚くほど共通して挙げた点は、**「明快な危機感」**があったことでした。

私の前職JINSでも、社長が「視力矯正という機能だけであれば、（技術の進歩などで）10年後メガネはなくなるかもしれない」という危機感を常々口にしていたことで、新規事業を行うことに対して、チームメンバーに迷いが生じませんでした。

この場合は、「10年後、メガネはなくなるかも」という〝わかりやすい〟危機感だったのが、非常に効果的でした。既存事業が持ちこたえているときは、新規事業がなくても差し当たって食うに困るわけではありません。やらない理由なんてたくさん挙げることができます。その中で新しいことに挑戦をして、やり遂げるには「絶対にやらなきゃいけない！」と思える明快な危機感が共有されていることが非常に大事です。

おもしろいことに、危機感の内実は会社規模によって大きく違いが出ます。

大きな企業であればあるほど、大人数で共通認識を持ちやすい「誰にとっても明らかな危機」が共有されていました。例えば大手電機メーカーの、リーマンショック後の一時期、収益性悪化に伴う大規模な事業のリストラクチャリングがあり、その危機を乗り越えて収益性が上がってきたいまだからこそ、組織の贅肉と同時に失ってしまった新しい取り組みを取り戻そうという気運が高まってきたことが背景として挙げられていました。

それに対してスタートアップ系の企業で多くあったものでは、最初の事業が成功し始めて、組織が急拡大し150人くらいを超えた辺りから「会社が変わってしまった。言われたことしかやらない人が出てきた」という危機感から、ゼロイチのカルチャーを取り戻すことへの気運が高まっていることが多いようでした。

これは、経営層を含む創業時からの初期メンバーから出てくるものです。

新しいメンバーと危機感を共有するためには、まずオーナーシップを持ってもらう必要があります。創業間もないスタートアップとはいえ、初期メンバーの連帯意識や短くも濃い歴史は、黙っていても伝わりません。

創業の想いから、ミッション・ビジョン・バリューを定めた背景、経営陣の失敗エピソードまで、具体的に手触り感を持って、繰り返し伝えることが有効です。

そして新しいメンバーが、それをさらに新しいメンバーや社外に伝えることで、景色がそろい、危機感を共有できるようになるのです。

新規事業の成功を阻む3つの「壁」

明快な危機感の共有を前提として、それぞれ達成できている段階と苦しむ壁の違いが見えてきました。

ゼロイチのカルチャーを持てている状態とは「新規事業創出の土壌が育っている」ことです。つまり、経営層のトップダウンではなく社員の中から自発的に新規事業が起案され、収益化されていく最高の状態のことを言います。

そこまで至っている企業は多くはありません。世界的にも限られた企業です。10社と話していくとその最終ゴールに向けて、3段階のステップと壁ごとに悩みどころと必要なアクションが異なることが見えてきました。

①新規事業のアイデアが出てくる→**発想の壁**
②事業が生まれてくる→**行動の壁**
③事業が成功している→**成功の壁**

さらに、10社にこの3つの壁の越え方をインタビューすると、その取り組みは採用や育成などの「人事の観点」と、新規事業アクセラレータープログラムのような「制度の観点」、そして社内外へのPRやビジョン・行動規範の言語化・伝達などの「コミュニケーションの観点」の3つにわかれ、その複数を組み合わせて対策していることが見えてきました。

「発想の壁」の越え方

1人1人は、アイデアがあっても、それを形にしたり共有したりする機会がないと、多くの人は始動できません。これが「発想の壁」です。

発想の壁を攻略するには、コミュニケーションの観点が大事です。

中期経営計画やミッション・ビジョン・バリューの具体化など、経営陣が新規事業を社員から生み出してほしいと伝え続ける必要があります。

大事なことは繰り返し言い続けることと、そのための機会や仕組みを意識して創ること。また、経営陣全員が景色をそろえて同じことを伝えられ、言動が一致することです。

また既存事業に強くコミットしている中間管理職を通すと、起案しても「○○だから意味がない」という声が上がりやすいので、経営陣と一般社員が直接コミュニケーションの手段を持つことが大事だったりします。

ある超大企業では、社内のチャットツールを通じて、経営層のコメントに直接社内の人間がコメントでき、それを歓迎するようなリアクションをし続けることで、個々の意見が上がり、風通しの良い雰囲気が醸成され、動きが変わったという話もありました。

また、アイデアソンや社内起案プログラムの制度を作る会社も増えてきています。特にアイデアがたくさん出続けるような永続的な取り組みにするためには、専属の部署を設立し、常時起案を求めるコミュニティマネジメントの役割を、明確に誰かが持つことが重要です。

住宅・不動産事業のLIFULLのケースでは、社内新規事業提案制度「SWITCH」を行うために、象徴的な人材を採用・配置することで、年間900件以上のアイデアが起案されています。新規事業開発を活発に行っているというブランドが築かれたことで、採用市場でのアピール力が明らかに変わってくるなどの副次的効果も出ているそうです。

「発想の壁」の越え方

人事の観点：特になし

制度の観点：アイデアソン／社内起案プログラム

コミュニケーションの観点：中期経営計画やミッション・ビジョン・バリュー、経営層と一般社員のダイレクトコミュニケーション

「行動の壁」の越え方

企業内起業を強力にサポートしている経済産業省の国家プロジェクト「始動 Next Innovator」プロジェクトのコンセプトは「Thinker to Doer（考えるだけの人から直ちに行動・実践する人へ）」という言葉になっています。

この言葉が暗に示しているように、アイデアを実際に形にしていくうえで、「行動の壁」を越えられないケースが少なくありません。特にBiz人材が主導の事業に多いのが、ピッチイベントのプレゼンがゴールになってしまっているパターンです。プレゼンまでは力を入れるのですが、なぜか事業を創るための Tech 人材や Creative 人材の仲間集めには腰が重い。言ってしまえば、本気で創る迫力がないケースです。

社内のアクセラレータープログラムも、単なる競技としてのプレゼン大会なのか、実際に事業の創出をうながすプログラムなのかを、明確にする必要があります。

この壁をクリアする方法は、まず象徴的な新規事業を1件、無理やりにでも生み出すことが一番の近道です。そのために、事業開発のエースを泣く泣く既存事業から引きはがして連れていくなど、象徴的な人事とそのことを伝えるインナーコミュニケーションから始めるのも効果的です。

そのうえで、他のメンバーが次に続くためには、課題であるTech/Creative人材のアサイン予算をつけるためのゲート管理の仕組みが重要になってきます。どのレベルまでサービス仮説が創れたら、実際にプロダクト開発の予算をつけられるか、そのあとの機能拡張予算などは何を証明できれば獲得できるか、などを設計することが求められます。

また、外部人材との交流を増やす施策も効果的です。やはり社内のスキルが似ている同僚とばかり交流していると、意識が内向きになります。事業開発を常とするような社外人材と交流することで、意識が触発され「行動の壁」を越えやすくなります。

「行動の壁」の越え方

人事の観点：象徴的なエースの新規事業へのアサイン

制度の観点：社内副業制度／予算ゲート管理の仕組み

コミュニケーションの観点：社外交流の場

「成功の壁」の越え方

アイデアをもとにチームを組んで、事業開発に取り組むときの課題が「成功の壁」です。ここは多くの要因を含んでいますが、打席数を増やし打率を上げることの両方にどれだけ着手できるか、がポイントになります。

ここには二律背反することの両方を満たす必要がある、難しさがあります。

1つ目は、「挑戦と失敗が推奨されるカルチャーと評価制度」です。失敗を許容し、挑戦を評価する雰囲気や評価制度がなければ、既存事業で成果を出したほうが得るものが多いため、優秀な社員が0→10の世界に力を割かず、成功確率も上がりません。

もう1つは、「資金繰りを意識した厳しい事業評価」です。大企業の守られたぬるま湯のようなサラリーマン意識を取り払う必要があり、事業のバーンレートの意識などを強く持つ必要があります。

会社のお金だからといって、自分の事業があといくらでショートするのか、何をどう証明して（社内から）次の資金調達をするかということに向き合わない限り、事業は成功しません。

この、一見対立する「個人評価による挑戦意識の醸成」と「シビアな事業評価による事業家意識の醸成」は両立できます。

やはり自身の人事評価となると身構える人も多く、自身の評価と事業の評価を一定程度わけて考えるということを、会社側が丁寧にアナウンスすることが必要不可欠です。

私自身も、集中をテーマにしたワーキングスペースThink Labの事業は、子会社化したうえで他企業やベンチャーキャピタルを回って資金調達を行う経験をさせてもらいました。調達額はそこまで大きくありませんでしたが、この経験を通じて原資へのリアルな意識と、自分の事業がどういう価値を示せないといけないのかについて解像度が明らかに高くなりました。

また、このレベルになると、人事評価を超えたストックオプションなどのインセンティブ設計に話が及びます。各社のインタビューではハッキリと傾向がわかれました。

大手の企業では、子会社化の場合は株の20％を渡すなど金銭的インセンティブを設定していることが多いのですが、スタートアップでは逆に金銭的インセンティブを設定していない傾向にありました。

そして、大手企業では金銭的インセンティブの即時効果やがんばりは見えるが、そのインセンティブで動いた社員は、事業の成功可否にかかわらず最終的にはグループを離れていき、自分で起業するなどの形になりやすいというジレンマがありました。

それに対して、スタートアップでは既存事業を含めた会社全体のストックオプションが付与されています。事業開発という、楽しいことに挑戦できるというモチベーションで走り切り、かつ定着してくれることが多い。

ここは社内の新規起業の特殊なところで、金銭的インセンティブの設計は諸刃の剣であることを意識したほうが良いでしょう。

また人事の観点では、事業を成功させるためにはBiz人材だけでは難しいので、TechとCreativeの全体を見られるCxOクラスの人材を、社外から採用することが必要不可欠になります。

このステップに持っていくタイミングで各社が最も注力するのが、象徴的な成功事例です。次のアイデアや事業起案の喚起になるものにするために、優秀なTech人材をつけたり、Creative人材も含めて、外部の協力者などをふんだんに投入して、象徴的な成功事例を作る。これを社内で喧伝しまくる形で追随する人を増やすことが、次のステップへの移行を促進します。

「成功の壁」の越え方

人事の観点：Tech/Creative人材を中心にCxO級人材の採用

制度の観点：挑戦の個人評価／事業評価の基準設計とその徹底

（金銭的インセンティブは諸刃の剣なので慎重に）
コミュニケーションの観点：優秀人材の挑戦意識を喚起すること

カルチャー作りをやり抜く仕組み

ここまで、3つのフェーズと壁をお伝えしました。それぞれの人事・制度・コミュニケーション施策をまとめると図表7のようになります。

発想の壁でも、成功の壁でも、象徴的な成功事例が威力を発揮することをお伝えしました。その場合、アイデア具現化のための実行力や当事者意識の強さ、GRITと言われる「やりぬく力」をチームで持てることが大事です。

各社をヒアリングした具体的な内容を少しお伝えします。

freeeでは「マジ価値」という言葉が多用されており、価値になることと向き合えているのか、を行動レベルで全員が共通認識を持っています。その結果、マジ価値に向けて、やりぬく力を組織全体で持てており、事業成長にダイレクトに効いている実感があるそうです。

マネーフォワードでは、子会社と本社とでミッション・ビジョン・バリューを分けたり、子会社役員に本社役員が入らなかったりなど、自主性を重んじるカルチャーをつくっています。

また、カルチャー体現者を賞賛する「Culture Hero（カルチャー・ヒーロー）」という制度があります。いままでは1,600人を超える会社で、5人（Speed、Pride、Respect、Teamwork、Funの各賞で1名ずつ）しか選ばれないという希少性もあり、歴代受賞者が錚々たるメンバーだそうで、選ばれることは金銭的インセンティブをはるかに超えているそうです。

ここまでゼロイチのカルチャーを取り戻すために、やれることがたくさんあるということが伝わったかと思います。各社の状況や風土によって、効果があるものは違うはずです。

また、カルチャーは一朝一夕で構築されるものではない分、一貫性や継続性が大事です。それらを統べるため、会社の向かいたい方向性を示すべく、パーパス経営やミッション・ビジョン・バリューを書くことが流行っています。

協創型組織の方向性を示すオブジェクト（目的）に、大切なポイントが3つあります。

- 向かうべき〝北極星〟を示していること
- 議論の余地を残していること
- 目の前のライスワークと将来へのライフワークにつながりが見えること

[図表7] ゼロイチのカルチャーに立ちはだかる3つの壁

ステップ	新規事業のアイデアが出る	新規事業が生まれている	新規事業が成功している
文化づくりの壁	発想の壁	行動の壁	成功の壁
人事	特になし	象徴的なエースの新規事業へのアサイン	T/C人材を中心にCxO級の採用
制度	・アイデアソン ・社内起案プログラム	・社内副業制度 ・予算ゲート管理の仕組み	・挑戦の個人評価 ・事業評価の基準設計とその徹底
コミュニケーション	・中期経営計画 ・ミッション・ビジョン・バリュー ・経営層と一般社員のコミュニケーション	社外交流の場	優秀人材の挑戦意識を喚起すること

やはり北極星のような目標を定められているかが大事であり、逆に言えば、それができればあらゆるカルチャーの礎になります。

一方で、矛盾するようですが、北極星は見えていながら、北極星の解釈や向かい方は、解釈の余地が残されていることで、議論が生まれ、自主性が生まれます。

さらに、0→1、1→10の創造自体は、未来を創る仕事ですが、まだ何もビジネスになっていない、つまり「いま」を創る仕事ではありません。既存事業が生み出してくれた収益をどんなライフワークにつなげるのか、というつながりを意識し、既存事業に強い感謝を持ちつつ動くこと。

そして逆に既存事業側は、自分たちが生み出した収益が将来のライフワーク実現に向けて、どうワークしているかに、興味と理解を持っている状態がベストです。

カルチャーを作るという一朝一夕ではいかないことを、各社が粘り強く行い続けた先に、コレクティブ・ジーニアスなチームを生み、育んでいける組織を生み出していました。

ゼロイチのカルチャーが育まれた後も、時間が経ち、人が入れ替われば、逆戻りは容易です。これらの営みは継続的である必要があるのです。

COLUMN

大胆な仮説に全力で挑むベンチャー

私が出会った企業の中で「ゼロイチのカルチャー」づくりに最も鋭角に邁進している会社の1つが、ネクストユニコーンと名高い医療系ベンチャーのUbie《ユビー》です。

2017年の創業で、2020年には0→10と10→100のフェーズによって組織を分けました。「Ubie Discovery」は、0→10を生み出す事業・プロダクト開発組織。「Ubie Customer Science」は、10→100を最速でのスケールを実現するマーケティング・セールスの組織です。

図表のとおり、2つの組織はコミュニケーション基盤からマネジメント体制／目標管理方法までを徹底的に分けて運用しています。

驚くのは、0→10組織と10→100組織の間では、オフィスのフロアからSlackのワークスペースまでコミュニケーションを分けていることです。

0→10の組織の人事評価では、「人材を評価しない。管理しない」ことを徹底しています。

	Ubie Discovery プロダクト開発・事業開発 （100名程度）	Ubie Customer Science マーケティング・セールスetc （30名程度）
ビジョン／ミッション	Hello,healthy world. ／ テクノロジーで人々を適切な医療に案内する	
役割	0→10を生み出す 大胆な仮説検証	10→100を最速で実現する オペレーション
組織のキーワード	「透明性」「フォーカス」「失敗と学習」	「改善」「システム思考」「生産性」
マネジメント体制	ホラクラシー型	ピラミッド型
目標管理	OKR	KGI・KPI

Google社が選ぶ「世界の100人」のエンジニアのうち2人がUbieに所属。チームはIT人材を中心にクリエイティビティの塊のようなメンバーで構成し、資質が高く信頼できる人しか採用しないことが前提なので、個人を管理したり評価したりすることを完全に放棄しているそうです。

このような優秀なメンバーが多く在籍している環境のため、金銭的なインセンティブよりも事業そのものの成長のためにみんなが動き、その結果多数のプロダクトをリリースし続けられる体制が構築されています。つまり夢中で価値創造に向き合える環境により、Tech/Creative人材の働きがいとプロダクトの価値が、正のスパイラルに入る状況を作っているようです。

もうひとつ特徴的なことは、カルチャーガイドの明文化とカルチャーメンター制度です。

一般公開している「カルチャーガイド」には、0→10組織と10→100組織の「すべきこと」と「すべきでないこと」、その理由までを開示しています。

加えて、社員の採用活動へのコミットを上げて、自らの口で自社の説明をする回数を増やすことで、文化浸透を実現しているようです。

また、入社後のオンボーディングにも力を入れており、新入社員には業務に関するメンターのみならず、カルチャーをインプットするメンターを必ずつけ、会社の責任としてしっかり文化浸透を図っているのです。

Ubieの実施している内容を、他社でそのまま行うのは難しいと思いますが、ゼロイチのカルチャーを作るために、ここまで徹底的にやっている企業があることは、事例として参考になるはずです。

やれることはたくさんあるはずなので、1つずつ地道にカルチャーを築いていきましょう。

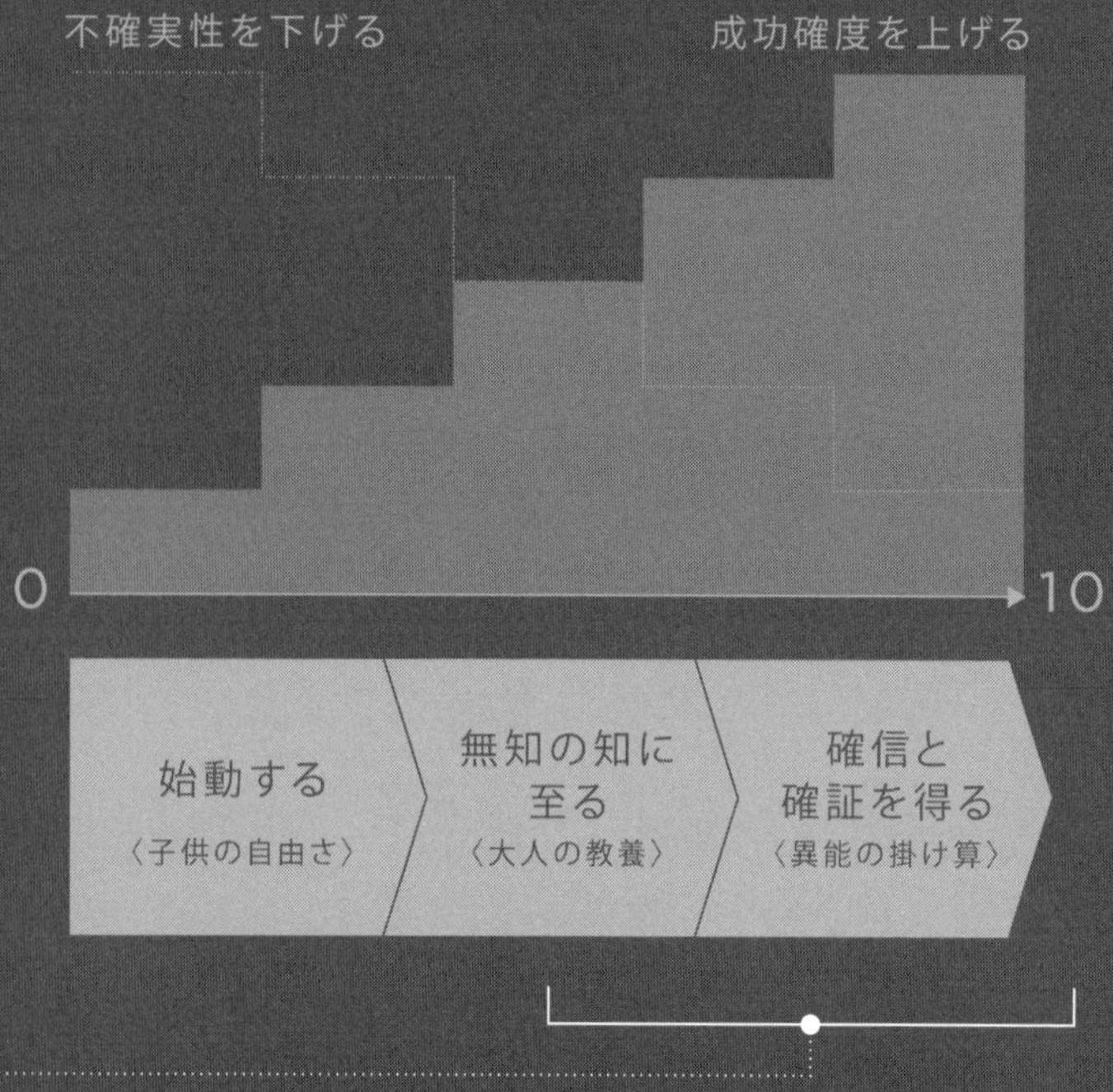

不確実性を下げる
成功確度を上げる
0
10
始動する
〈子供の自由さ〉
無知の知に
至る
〈大人の教養〉
確信と
確証を得る
〈異能の掛け算〉

第3章

新規事業の方法論

確信と確証のための羅針盤

新規事業の死角とは

2章を通して、異能のチームのつくり方が見えたと思います。

ここからは本書の核心である、サービスデザインを行う具体的な方法をお伝えしていきます。

お伝えすることは大きく2点です。

■バリューデザイン・シンタックス
サービスの全体像をとらえ、死角をあぶり出すフレームワーク

■サービスデザインの方法
シンタックスを用いたＢＴＣを最大活用するサービスデザインの方法論

この2つは、Sun Asteriskが顧客企業３００社とともに価値創造してきた４００件以上のサービス／プロダクトの成功要因を考察・体系化していくことで紡ぎ出されました。

ＢＴＣのスペシャリストたちと繰り返しの議論と考察の中で生まれたこの章は、「新規事業

という五里霧中を進む航海のための羅針盤」だと自信を持って言えるものになりました。
Sun Asteriskの事例の多くは顧客企業との契約によりご紹介できないのですが、中にはクラシコム「北欧、暮らしの道具店」のアプリなど、誰もが知るサービスがいくつもあります。（一部ご紹介できる事例については、Sun AsteriskのOur Worksを御覧ください）
前置きはこのぐらいにして、早速サービスデザインの内容に入っていきましょう。

PoCの基本動作：デザインとプロトタイピング

ここまでで0→1の1の状態を、**「『顧客課題への最小価値』を検証できた状態」**とお伝えしました。

この「顧客課題への最小価値」を確かめるのが、サービスコンセプトに関するPoC(Proof of Concept)。仮説を立てた概念（Concept）を証明（Proof）する行為のことです。

昨今このPoCの重要性が高まってきています。それは現在の市場、ユーザーから求められるサービス／プロダクトの価値が高度化・複雑化・先鋭化しているからです。

サービスの価値は〝こういうもの〟という言葉だけでイメージできなくなったりして、事業コンセプトの良し悪しを見わけるには「創ってみないと（使ってみないと）わからない」範囲が広がっているからです。またそれと同時に、安価に創って試せるノウハウ・ツールが強化されてきたことも大きな理由です。

例えば、私自身の失敗談でいうと、JINS MEMEというウェアラブルデバイスの開発でつまずいたことがあります。

プロダクトの発売前後で、提供価値を「走っているときの姿勢の癖がわかり、カッコよく走れる／疲れにくくもなる／タイムもあがる」と表現し、価値の受容性についてその言葉を使ってアンケートを取ったところ、かなり多くのユーザーに購入意向を示してもらいました。

しかし、実際にはその顧客たちに購入されませんでした。

これは、提供価値を示す言葉から人が想像する体験と実際のプロダクトのＵＩ／ＵＸに、大きな差異が生じたからです。要するに使う気にもならなければ、使いやすくもなかったんです。実際に使うためには、メガネを充電し、スマホアプリにつなぎ、スマホの指示に合わせて走って、走った後に振り返り画面を見る、という体験の流れが存在します。その体験全体の負荷と体験価値のバランスが悪かったのです。

その結果JINS MEMEは、ユーザーに受け入れられるものになるのには時間がかかりました。これはハードウェアの例ですが、デジタルサービスも同じような特徴があります。同じコンセプト、同じ機能があっても、ＵＩ／ＵＸで、ギャップができたりする。

［図表1］PoCの基本動作

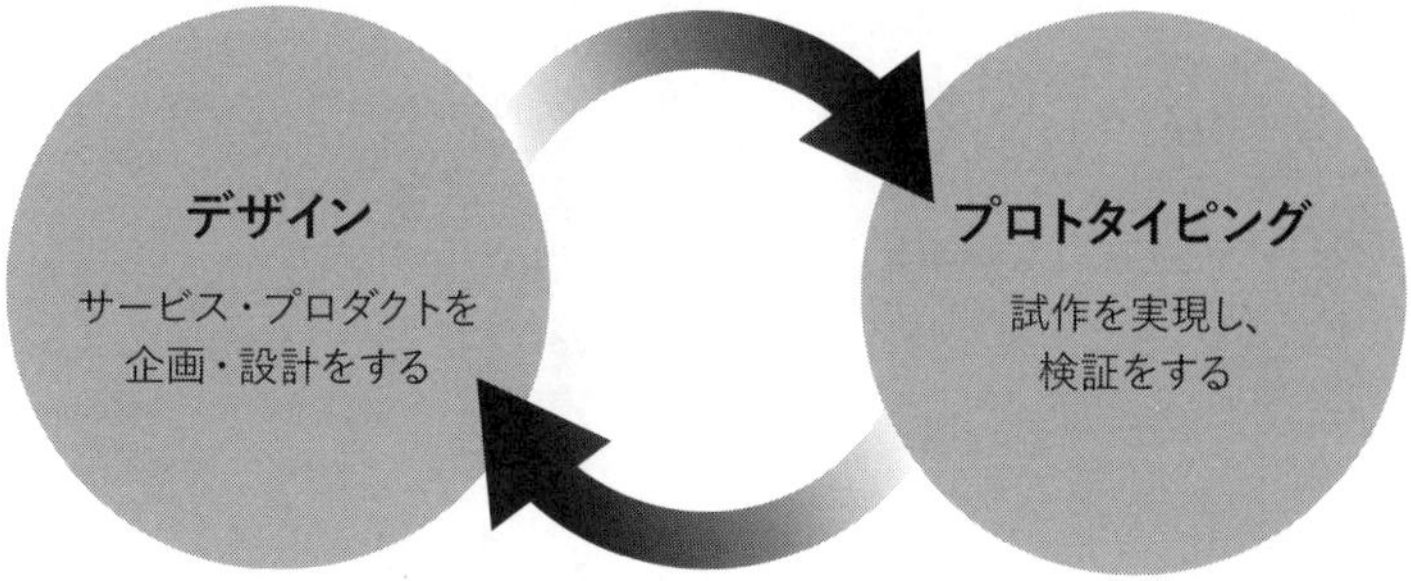
デザイン
サービス・プロダクトを
企画・設計をする
プロトタイピング
試作を実現し、
検証をする

PoC＝アイデアの実証、サービスコンセプトの検証のこと

そういう性質の新規事業が増えているから、PoCを行うことの意義が高まるとともに、デザイン（企画・設計）とプロトタイピング（試作・検証）をかなり密に往復しなければならなくなってきているのです。

安心して聞いている、ソフトウェア以外の産業の人はいませんか？　これはソフトウェア産業だけの話ではありません。

例えば、私の前職JINSの本業のメガネ事業はローテク商材ですが、変わりなくデザインとプロトタイピングを通じて、新素材や新形状を繰り返し開発しています。

他の業界で使われている新しい軽量素材をメガネに使いたい、となれば、JINS本社にいるデザイナーが設計した形状をもとに、協力工場にモック用の金型を作り試作してもらいます。試作を通じて、顧客に受容されるか／品質基準をクリアするか、という多くのチェックとフィードバックを通じてプロダクトが磨かれていきます。それがメガネ業界の中での競争優位性になっているのです。

新しいプロダクトを創るうえでは、あらゆる業界でデザインとプロトタイピングの密連携が必要不可欠だと伝わったでしょうか。

これを踏まえて、新規事業の死角をお伝えします。

多くの事例から、新規事業が進まない／うまくいかない理由のほぼすべては、「サービスコンセプトの仮説の過不足ポイントを認知しづらいこと」に起因します。

これを「全体感の欠如」と「論理偏重もしくは直観偏重」の2つの視点でお伝えします。

全体感の欠如

全体感の欠如は、羅針盤がない弊害そのものです。

自分の仮説の何が不足し、何を強化していくべきか、何が検証できたら成功確度を高められるかの目途が立てられず苦しみます。

そしてそんな中なのに、会社の偉い人がどこぞのコンサルに聞いてきたバズワード「デザインシンキング」などをもとに、真新しい考察方法を適用してみるけど用をなさず、お祭りに終わるという事象は枚挙にいとまがないほどによく見ます（デザインシンキング自体にはもちろん強力な効果がありますが、効果的に使われていないことが多いという意味です）。

自身のサービス仮説の現在地もわからず、仮説がBTCのどの思考に偏っているか、そのサービスの特性上BTCのどこで優位性を創るのが大事なのか、目途が立たずに手段に振り回されるのは、間違いなく良くないです。

本章の後半「BTC各起点で生まれる独自の考察」でBiz起点・Tech起点・Creative起点それぞれに応じた要点をお伝えするので、そちらを参考にして下さい。

論理偏重もしくは直観偏重

次に多いのが、論理と直観のどちらかに偏るパターンです。

- 論理偏重

社内の説明資料はがんばって理屈は通るけど、感覚的には誰も欲しくないものができ上がる

■直観偏重

感覚的に正しいことに突っ走り、世界で100人しかほしくないものができ上がる

私自身の経験で言うと、戦略コンサルタントをしていた際に顧客に提示していた新規事業案は、論理偏重が圧倒的に多く、前職の創業オーナーの会社では、直観偏重で進めることが多くありました。

どうしても直観ベースだと、少人数にしか広がらない事業になったり、目的がふわっとしたりして、開発投資に踏ん張りが利かなくなることもあります。もちろん、悪いことばかりではなく、直観・感性が強い意思決定者がいるからこそスピーディーに進められる優位性もあります。

逆に、サラリーマン社長の大企業では論理偏重パターンが多い傾向にあります。社内の説明責任が強く、合議制的意思決定であるために、論理偏重で創られていくのです。この結果、重厚長大で全部盛りみたいなサービスを最初から創ってしまったり、直観的にほしい人が見当たらないようなおかしいプロダクトができ上がったりすることが多くあります。

しかしここで、どちらかに寄っているならもう片方に寄せて半年議論しましょう、みたいな話だとスピード感を持って進められなくなります。

理想的には、右脳的な直観を先に走らせながらも左脳的な事業としての成立・収益化の可能性を上げる論理を半歩後ろに走らせるような進め方で、両方の脳を持った人間が健全に綱引きをしながら進めることです。

BTCの異能がバランスして動くことが、ここで効いてくるのです。

この右脳と左脳の両輪で全体を補足しながら、事業開発をしていくための方法は、以降で具体的にお伝えしていきます。

確信と確証で創るバリューデザイン・シンタックス

1→10の10は、「事業が成立し、拡大の見込みが立った状態」と定義しました。この事業の成立条件と持続条件を分解するところから始めていきます。

条件の分解は、すべての要素を対象とはしません。リソースに制約がある新規事業は、無限に考える余裕などないので、「不確実性を下げるうえで必要十分におさえておくべき項目」を定義していきます。

Sun Asteriskで行ってきた多くの新規事業開発を考察していくと「どこで新規事業として成立し、プロダクト開発に入っていったか」という点についての成功パターンが見えてきます。成功パターンには、以下の2つが通底していました。

・右脳的な確信を持てること
・左脳的な確証を得られること

（右脳と左脳という言葉は脳神経科学などの世界では違う考え方になっていますが、わかりやすいのであえて使います）

図表2のような、確信と確証は、前述した新規事業の死角として語った**「論理偏重もしくは直観偏重」**と対応しています。

新規事業には、右脳・左脳のどちらかに偏重した単発的なラッキーヒットはあっても、成功し続けられている事業はすべて、直観だけでも論理だけでもなく、その両方を視点として持ち、成立まで持っていく考察と検証を行えていることがわかりました。

また事例を見ていくと、確信と確証のどちらかが先に起点となって始まり、後に不足側を補完する形で議論が進んでいます。どちらが正しいという形でもなく、補完的な思考が必要だと

［図表2］新規事業を駆動する両輪

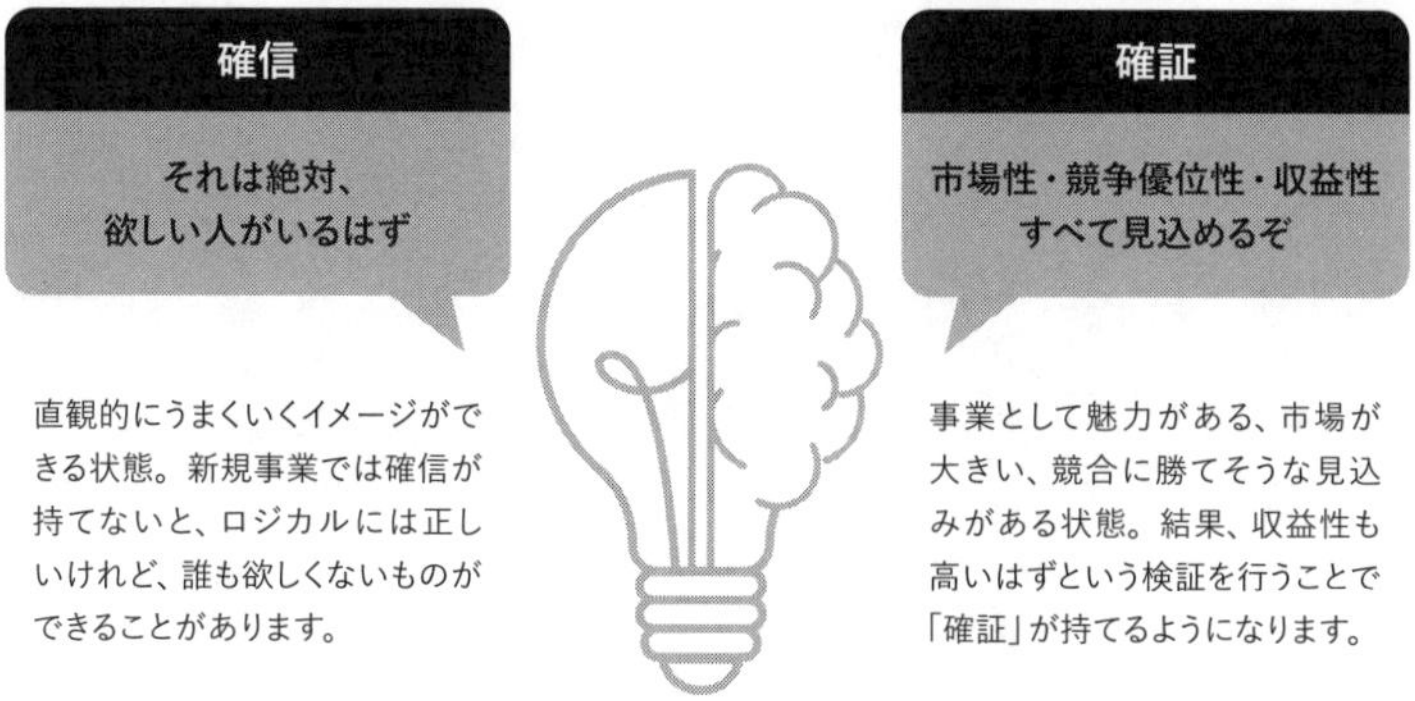
確信
それは絶対、
欲しい人がいるはず
直観的にうまくいくイメージができる状態。新規事業では確信が持てないと、ロジカルには正しいけれど、誰も欲しくないものができることがあります。
確証
市場性・競争優位性・収益性
すべて見込めるぞ
事業として魅力がある、市場が大きい、競合に勝てそうな見込みがある状態。結果、収益性も高いはずという検証を行うことで「確証」が持てるようになります。

「確信」と「確証」の両輪を駆動することで、事業の成功確率が上がる

考え、そのためのチームを組んだり考察を進めることが大事だということです。

右脳的な確信と言われても、ピンとくる言葉ではないと思うので、簡単な言葉にすると**「それは絶対、欲しい人がいるはず」という確信**のことです。

想定しているサービス／プロダクトが、顧客課題と提供価値に強く確信を持てることは、事業の根幹です。そこで検証されるべきなのは、**「課題の共感」と「価値の渇望」の2つの確信**に分解されます。

この2つに対して、チームメンバーが自身の感覚やリアルな顧客の声をもとに確信を持てている状態を、まずは目指すべきです。

次に左脳的確証ですが、これはビジネスとしてノウハウにしやすい領域なので、勉強している方が多くいると思います。「市場性があるか」「競争優位性があるか」「収益性はあるか」という問いに収斂されていきます。この3つの観点は、基本的に市場規模・シェア・利益の3つの定量的な判断軸に落ちていきます。

その3つの問いを検証して、**「市場性・競争優位性・収益性、すべて見込めるぞ」という確証**を得られていることです。

この2つを新規事業の成立条件は図表3のようにまとめられます。どの企業・チームにも良くも悪くも偏りが存在します。オーナー企業では確信が強く、サラリーマン社長の大企業だと確証を大事にする傾向については前述のとおりです。このタイミングで、自身や所属組織がどこに偏重しているか、を俯瞰してみると気づくことが多いはずです。

また、このような演繹的に分解して考える方法を取っているときに忘れがちなのは「プロダクト開発までにどのくらい考察のリソースを割くか」という観点です。

つまり、PoCそのものの目的化を避ける視点が大事です。1000万円程度でMVP開発して検証できる事業コンセプトに、1000万円以上の考察リソースをかけて分析しても仕方がないので、バランスを取ることが大事です。

この辺りを意識して、確信と確証、5つの視点とその注力レベルのバランスを考えてみてください。

[図表3] 新規事業の成立条件

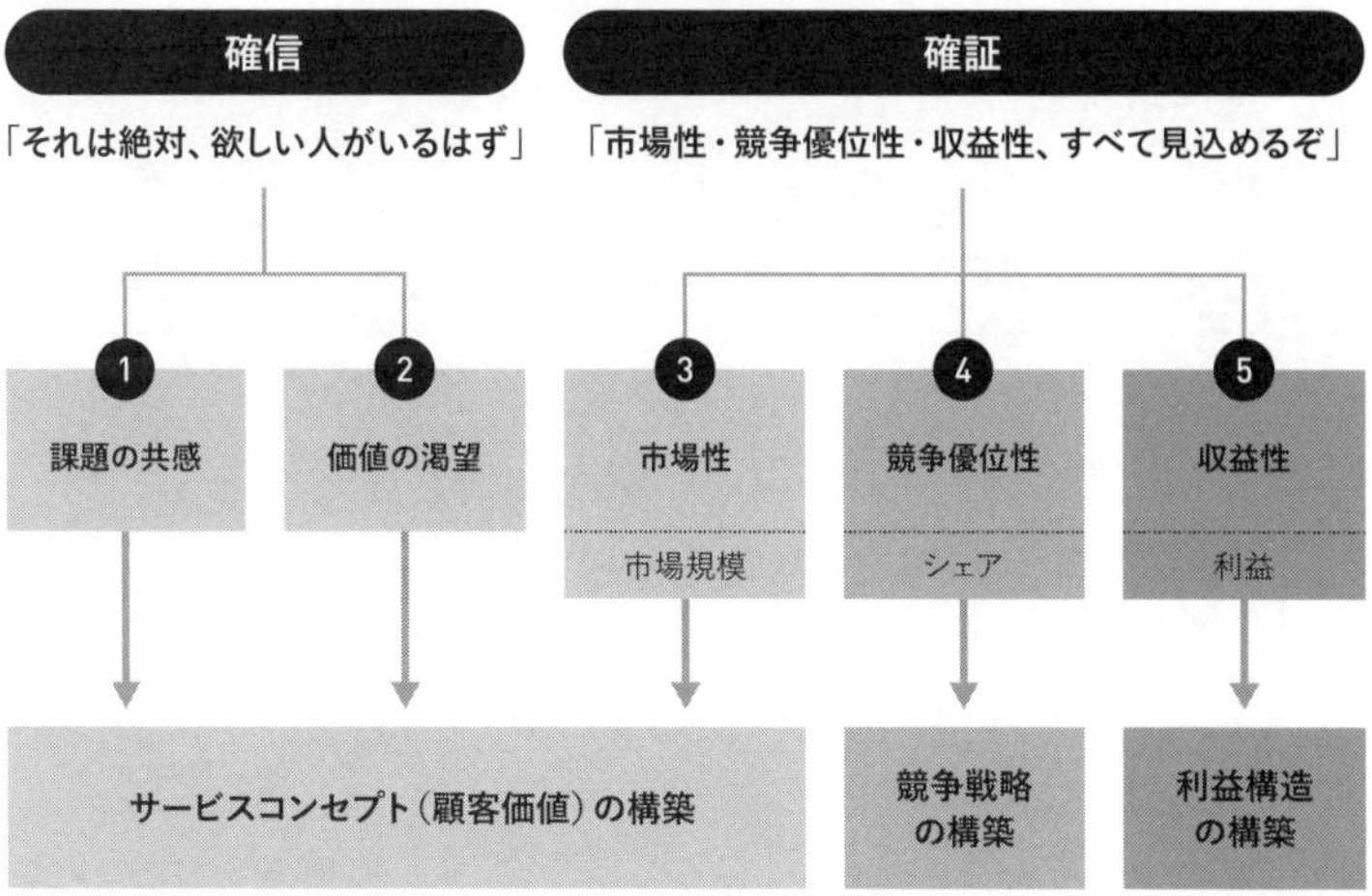

価値創造の羅針盤「シンタックス」の全貌

いよいよここからは本書の肝となる**価値創造の羅針盤「バリューデザイン・シンタックス」**についてお伝えしていきます。

ここまでの確信と確証の成立条件をもとに、我々Sun Asteriskが多くの成功事例を紐解いていく中で開発したフレームワークが、図表4の「バリューデザイン・シンタックス」です。

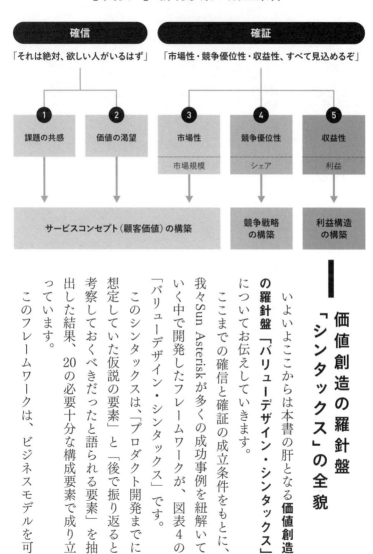

このシンタックスは、「プロダクト開発までに想定していた仮説の要素」と「後で振り返ると考察しておくべきだったと語られる要素」を抽出した結果、20の必要十分な構成要素で成り立っています。

このフレームワークは、ビジネスモデルを可

競争戦略

仕組み

競争優位性のために

主要成功要因となる仕組み

を

自社リソース

と

パートナーリソース

により実現し

提供手段

を通じて届ける。

持続戦略

事業継続により

知的資産
（知識／データ／顧客基盤）

が蓄積し

さらなる競争優位性

が強化されることで
事業の持続性が高まる。

利益構造

収支モデル

顧客が感じる

課金対象となる価値

に対しての

課金モデル
（買い切り／手数料／サブスク）

による収入があり

コスト
（変動費／固定費）

が主支出となり

単月黒字／リクープ

までの資金繰りの
算段がついている。

[図表4] バリューデザイン・シンタックス

サービスコンセプト		
マクロ	ミクロ	競争優位性
（十分な市場性のある） **ユーザーセグメント** ↔	（リアリティのある） **n1顧客**	**競合サービス**
は	は	に対して
（共感できる） **最大公約数の課題** ↔	（共感できる） **超具体的な課題**	**選ばれる理由**
を抱えているので	を抱えているので	と
実現可能な手法	**実現可能な手法**	**選ばれ続ける理由**
を使って	を使って	で競争優位性を作る。
（渇望される） **最大公約数の価値** ↔	（渇望される） **超具体的な価値**	
を得られる。	を得られる。	

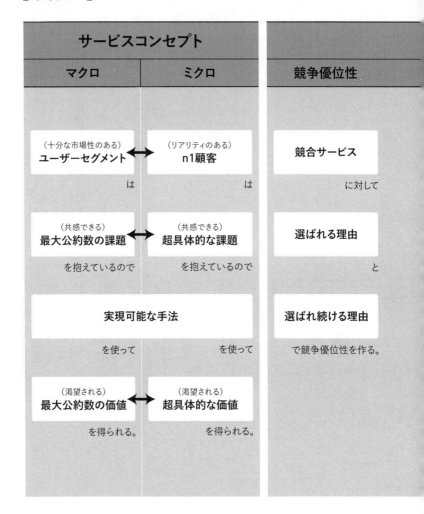

視化するリーンキャンバスなどの良い点を取り入れつつ、次の2つの視点で進化させています。

①相互関係を意識したストーリーを表現できる

②マクロとミクロのコンセプトを往復し、持続条件まで網羅できる

まず、新規事業の成立条件からの分解ですが、顧客と提供者の2つの主語を使い分ける形で、ストーリーにしていく形を取ります。顧客を主語としたサービスコンセプトの世界がまず先にあり、その世界を支える形で提供者を主語とした競争戦略・利益構造をどう構築するか、に入っていく形としています。

その結果、顧客を主語とした世界は、「課題の共感」「価値の渇望」の確信と「市場性への確証」が包含され、提供者が主語となる世界は、「競争優位性への確証」「収益性への確証」が入ります。

顧客と提供者を主語とする世界を構成する要素が、バリューデザイン・シンタックスに盛り込まれています。しっかり定義できていた構成要素を紐づけて文章化していくために、この20個の構成要素を各主語のもとにストーリー化していきます。

ただ、フレームワークだけ提示されるとイメージが湧きづらいかもしれませんので、既存事例で書いてみましょう。

誰に説明するかによって書きっぷりが変わってくるものです。実際にシンタックスを埋めてみると、スラスラ書ける部分とそうではない部分に気づかされます。

いまご自身のサービス仮説がある方は、一度書いてからこの後を読むとより深い理解につながるのでぜひ書いてみてください。

いまこの原稿を書きながらちょうど利用したばかりの「フード配達サービス」を事例に書いてみました（笑）。それが図表5です。

ここで書いたサービスは、しっかりと成長している既存事業ですので、サービスデザインを繰り返し、バリューデザイン・シンタックスとして完成している事例です。

すでにでき上がった事業を考察しているため書きやすいものですが、新規事業としてこの「フード配達サービス」と向きあっていた事業開発のチームにとっては、下手をすると100回くらいのピボットを繰り返した結果が、現在地なのだと思われます。

この完成形を目指すために、以降はバリューデザイン・シンタックスを使った具体的なサービスデザインの仕方をお伝えしていきます。

競争戦略

仕組み

競争優位性のために

主要成功要因となる仕組み
加盟店数と
配達員の確保

を

自社リソース
精度の高いマッチング
と動的価格設定を
実現する開発チーム

と

パートナーリソース
安定的な
配達員の確保

により実現し

提供手段
リファラル・バイラル
の促進施策

を通じて届ける。

持続戦略

事業継続により

知的資産
利用者/加盟店と
利用データ

が蓄積し

さらなる競争優位性
商品バリエーション
と拡大エリア選定力

が強化されることで
事業の持続性が高まる。

利益構造

収支モデル

顧客が感じる

課金対象となる価値
手軽な食事体験
オーダー配達

に対しての

課金モデル
手数料

による収入があり

コスト
業務委託費
広告費/開発費

が主支出となり

単月黒字/リクープ
単月黒字：3年
リクープ：5年

までの資金繰りの
算段がついている。

[図表5] フード配達サービスの例

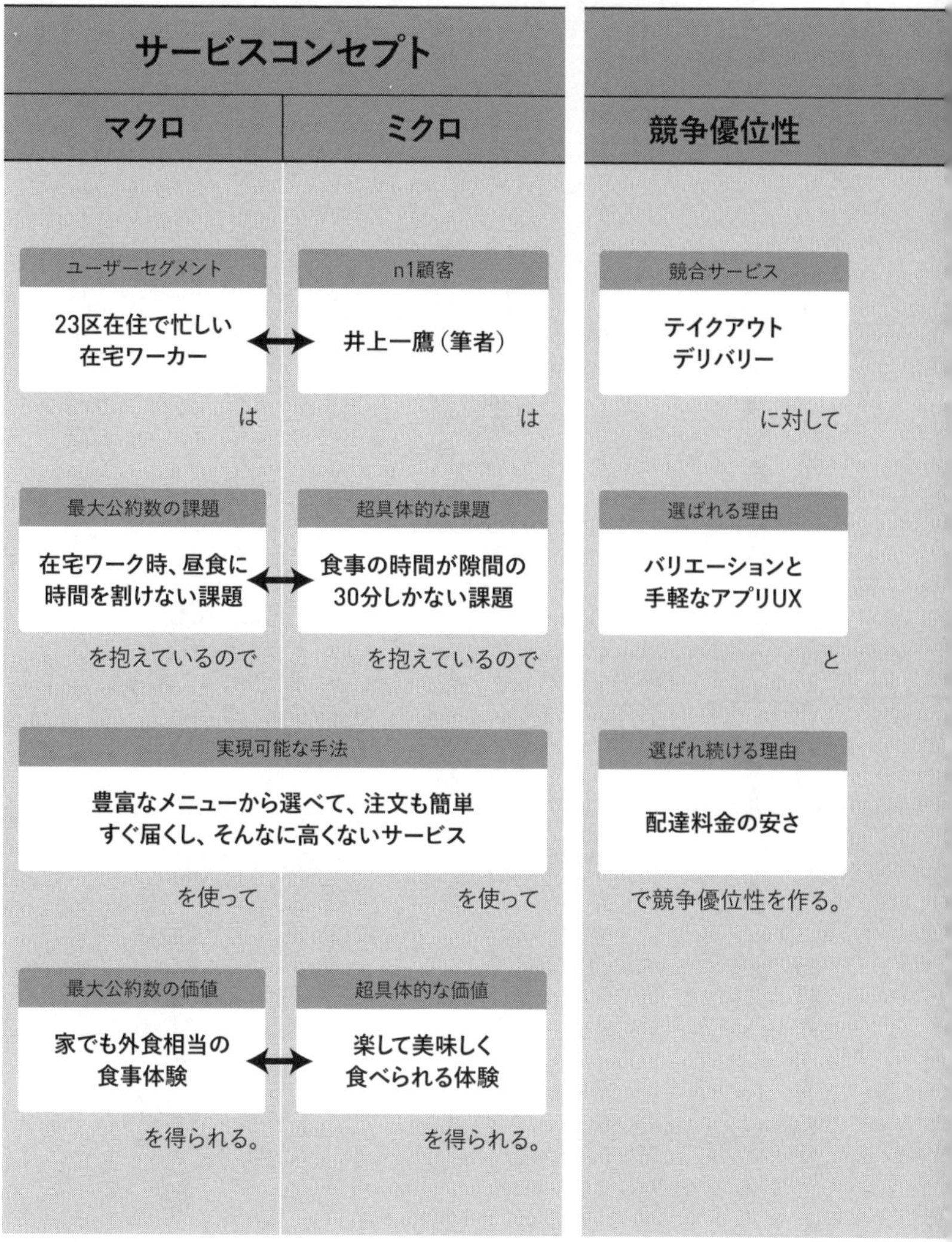

サービスコンセプト
マクロ
ミクロ
競争優位性
ユーザーセグメント
23区在住で忙しい在宅ワーカー
は
n1顧客
井上一鷹（筆者）
は
競合サービス
テイクアウトデリバリー
に対して
最大公約数の課題
在宅ワーク時、昼食に時間を割けない課題
を抱えているので
超具体的な課題
食事の時間が隙間の30分しかない課題
を抱えているので
選ばれる理由
バリエーションと手軽なアプリUX
と
実現可能な手法
豊富なメニューから選べて、注文も簡単すぐ届くし、そんなに高くないサービス
を使って
を使って
選ばれ続ける理由
配達料金の安さ
で競争優位性を作る。
最大公約数の価値
家でも外食相当の食事体験
を得られる。
超具体的な価値
楽して美味しく食べられる体験
を得られる。

シンタックスの2つの機能

ここまで語ってきた考察偏重に陥いる1つの理由は**「全体を見渡す俯瞰の視点を持てず、自分たちがあと何を考えれば良いのかがわかっていない」**からです。

本書では、不確実性を下げる新規事業の性質が強い10のゴールまでの道筋を示すことをスコープとしており、10の時点での到達基準を設定するところから始まります。

10のゴール「事業が成立し、拡大の見込みが立った状態」
↓事業成立・持続に必要な要素がすべてデザインされ、実証されることが条件

このバリューデザイン・シンタックスというフレームワークは、多くの新規事業を振り返り、数回の新規事業デザインを通じて加筆修正してきたもので、この20項目が新サービスの俯瞰にちょうど必要十分な要素だと検証してきました。

その俯瞰機能に加えて、**「①相関関係を意識したストーリーを表現できる機能」**と**「②マクロとミクロのコンセプトを往復し、持続条件まで網羅できる機能」**の2つの要素を兼ね備えたこ

［図表6］構成要素の相関関係

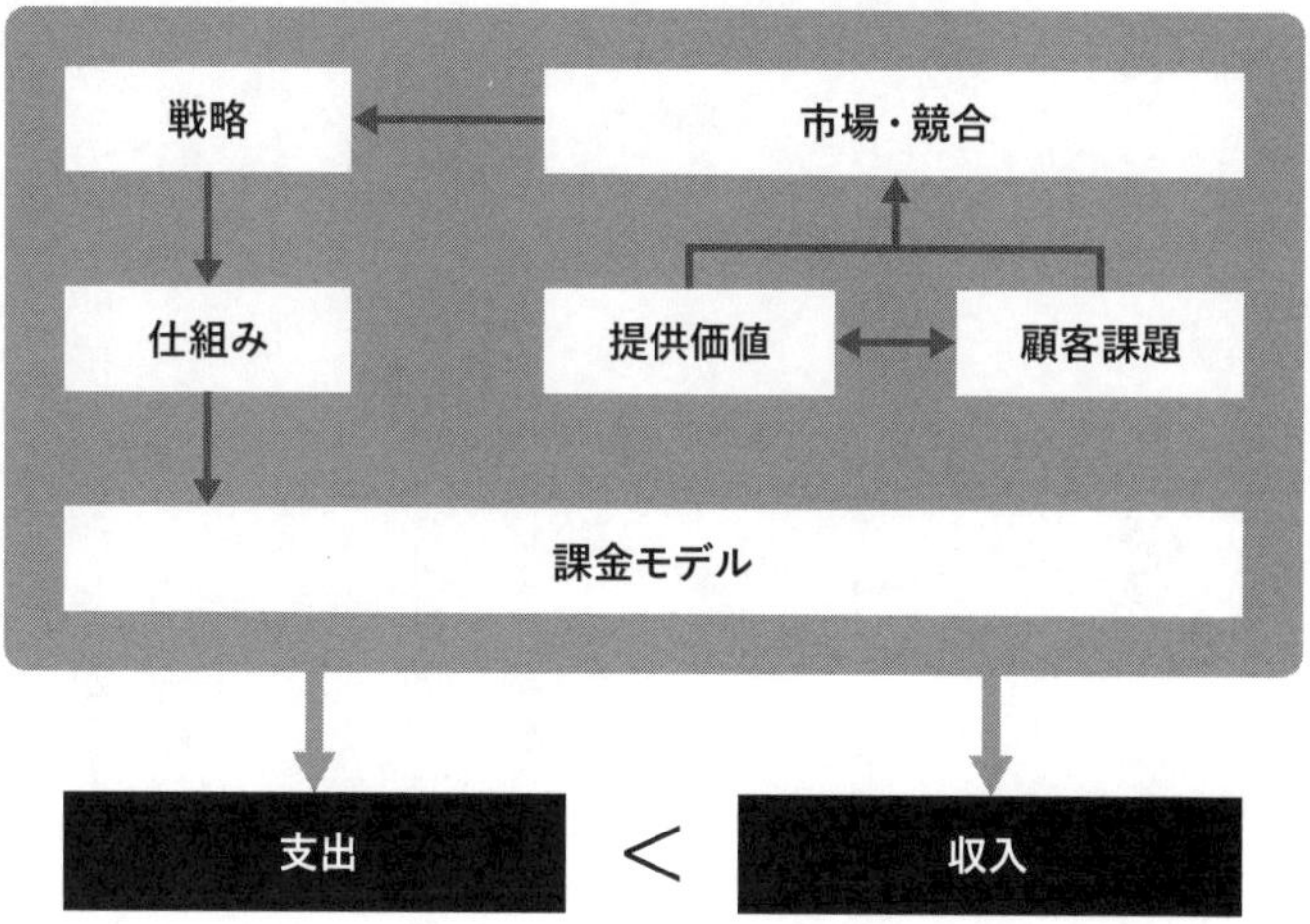

とがバリューデザイン・シンタックスの真骨頂です。

これが既存のフレームワークとの明確な優位性なので、この点を理解して活用すると効果的です。

では、2つを順に説明していきましょう。

①相関関係を意識したストーリーを表現できる機能

事業の構成要素は互いに影響を及ぼし合い、因果関係を含む相関関係が存在します。

例えば図表6のように、顧客課題と提供価値はつなげて語らないと1つずつでは意味を持たないですし、戦略に基づいた仕組みがなければ、収益モデルは描けない……。

このようにつながりを意識することで、初めて事業としてのリアルが見えてくるはずです。
それらの相関関係を意識しながら書けるとさらに良くなる点は、楠木建『ストーリーとしての競争戦略』では以下のように語られています。

戦略の本質とは「違いをつくって、つなげる」ことである。他社との違いによって「完全競争」を免れ、余剰利潤を生みだすことが出来る。しかしながら、個別の違いをバラバラに打ち出すだけでは戦略にはならない。個別の違いがつながり、組み合わさり、相互に作用することによって長期利益が実現される。ストーリーとしての競争戦略とは、個別の要素の間にどのような因果関係や相互作用があるかを重視するものである。

「違いをつくって、つなげる」ことを意識する方向に進化の余地があり、その進化によって戦略の本質を突きやすいはずなのです。
シリアルイノベーターの濱口秀司さんは、ストーリー（意味性）を持つことで人は動くことができる、と言及されています。

これはけっこう深い話なんです。私達が歩けるのはなぜだと思います？　もしかしたら、

1歩足を踏み出したら転ぶかもしれないですよね。そこには不確実性がある。未来は誰にもわからないですから。でも、1歩を踏み出せるのは、ぼくたちが「転ばない」というポジティブなストーリーを頭のなかに描いているからなんです。

(「なぜ、人間はストーリーを重視してしまうのか?」ダイヤモンド・オンラインより)


そして、もしかしたらよく聞く話かもしれませんが、事業を創るのは「人」です。また新規事業開発の現場は、昨日の発言を自己否定しなければならない変化に富んだ環境です。そんな中で新規事業の成功確度を高めるのは、チームや関係者たちの自主的にイシューを拾い動く力であり、自走できる人の量と質が事業に迫力を与えます。

チームメンバーはもちろん、関係者の全員が事業成功に向けて自走して動くためには、**「全体感を持てること」「焚きつけられて動きたくなるストーリーがあること」**が必要条件です。

人はアイデアに違和感を持っても、自発的に発言し難いものです。しかし、その違和感は新規事業の原石である可能性が高い。それを発言できるように全体感を持ち自走できる人を増やすことが重要なのです。

これは、私自身の事業開発経験の中でも強く感じてきたことです。

［図表7］新規事業開発中の1週間の様子

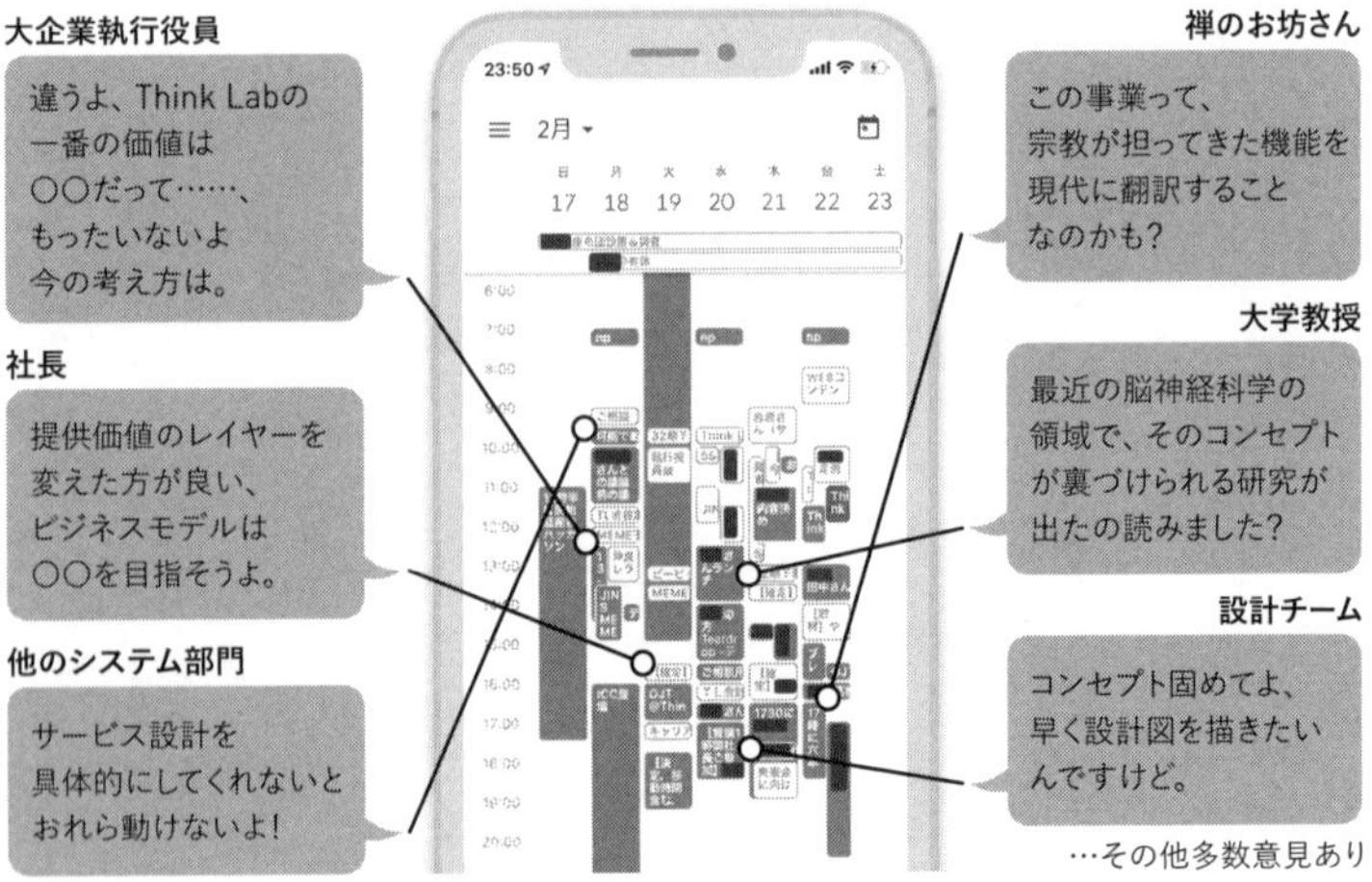

大企業執行役員
違うよ、Think Labの一番の価値は○○だって……、もったいないよ今の考え方は。
社長
提供価値のレイヤーを変えた方が良い、ビジネスモデルは○○を目指そうよ。
他のシステム部門
サービス設計を具体的にしてくれないとおれら動けないよ!
禅のお坊さん
この事業って、宗教が担ってきた機能を現代に翻訳することなのかも?
大学教授
最近の脳神経科学の領域で、そのコンセプトが裏づけられる研究が出たの読みました?
設計チーム
コンセプト固めてよ、早く設計図を描きたいんですけど。
…その他多数意見あり

図表7は、私が3年ほど前に本業からかけ離れたワークスペースThink Labの事業開発をしていた際の1週間の予定です。

事業開発が一旦動き始めると、社内外・チーム内外の多くのステークホルダーからものすごいふり幅の視点・視野・視座でのおもしろい話や事業推進のために必要なフィードバックを浴びまくります。

そしてこれらの厄介なところは、その中の多くが一見無視するには魅力的か大事すぎる話である一方、それぞれ別の方向に発散して、まったく絡みあわなそうな要素であることです。

これらの話は、0から1を創るためのすごく大事なピースたちではありますが、見えている視点が違う人たちの意見なので、しっかり紡いで大事なピースを殺さずに1つのストーリーにしていくことが必要です。これこそが事業開発の根幹なのだ、と実感しています。

ここで紡いだストーリーが、関わる人々全員の自発的な動きを喚起するおもしろい仮説になっていて、プラスのスパイラルに入っていければ、事業成功の確率は爆発的に上がるはずなのです。

よって、バリューデザイン・シンタックスによって、**「新規事業の成立条件の〝全体像〟とその構成要素の〝相互関係〟を意識して、一貫した1つのストーリーとして表現できる」**ことが、非常に有効なのです。

②マクロとミクロのコンセプトを往復し、持続条件まで網羅できる機能

さらに大事な進化の余地として、2つの軸での視座の上げ下げの機能について触れていきます。それは解像度と時間軸です。

まず解像度について、事業の根幹に当たる「顧客・課題・ソリューション・提供価値」はそれぞれ紐づいていますが、考察の主語となる顧客は、マクロからミクロのどの解像度でも書くことができてしまうことが複雑性を上げます。

n1分析[※]と言われる、ユニークな1人をとらえることで見えてくる、超具体的な課題や価値

※n1分析：顧客を「集団」ではなく「個人」として分析する手法のこと。実在するひとりの人物とインタビューなどを通じ徹底的に向き合って情報を集め、アイデアを事業や施策に反映していく

もありますし、ユーザーセグメントを絶妙な形で定義すると見えてくる最大公約数的な課題や価値もあり、その両方が見えていないと後々足をすくわれることが多くあります。

この点は、サービスデザインの詳細（P180）で、**「机上の空論型」と「木を見て森を見ず型」として深掘ります。**

次に時間軸についてです。

事業の構成要素同士は相互作用があり、顧客課題を起点とする事業が一度成立するための条件を描くことがまずは大事であることは間違いありません。

さらに図表8のように昨今の新規事業は、一度の購入で終わるものではなく、その後の顧客との関係値やデータ・ノウハウなどを蓄積されたものからの還元効果もあります。

それらを含めた全体像を持って、持続条件までを俯瞰して見ておかないと、一度勝てても勝ち続けることはできません。

この「成立条件→持続条件まで視座を上げられる」羅針盤であることが求められるのです。この部分は後の、競争戦略デザインで掘り下げます。

［図表8］構成要素の相関関係 その2

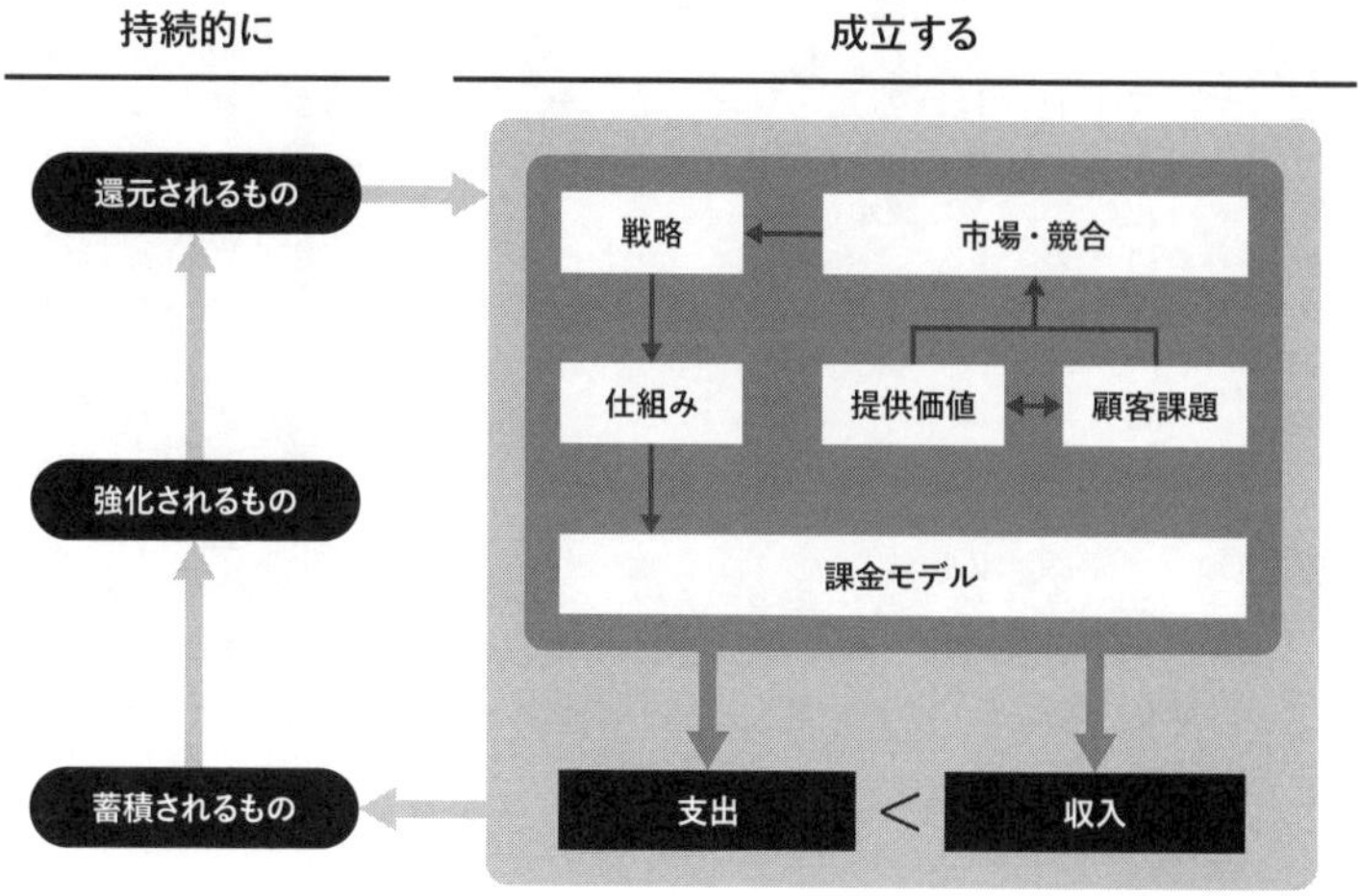

絶対に10にたどり着けない落とし穴

ここで1つ、多く事例として見受けられる「0→1までは行くが、絶対に10にたどり着かない」落とし穴について補足しておきます。

1のゴールであるプロダクト開発・検証は形式的には、バリューデザイン・シンタックスのコンセプト部分だけを書けていれば、独立した検証は行えてしまうため、その部分だけでプロダクト開発に走るパターンがよく見られます。

プロダクト開発の開始時点で、その後の構成要素をまったく意識せずにいると、次の4つの落とし穴にハマります。

■優位性がない＝勝算がない
↓知らなかった競合が強すぎて勝ち目がない
■仕組みがない＝成立しない
↓ユーザーセグメント規模に届ける価値を作れない
■持続性がない＝長続きしない
↓蓄積する強みが見いだせず、すぐ模倣される
■収益性がない＝儲からない
↓コスト構造上、ほとんど利益が出ない

これらにつまずく可能性をまったく想定していないまま、コンセプト検証に入ってしまうことになるため、その事業は「0→1までは行くが、絶対に10にたどり着かない」ようなものになってしまう可能性があるのです。

コンセプトとそれ以降の競争戦略・利益構造の部分がほとんど相関関係がないものであれば、コンセプトだけを検証して、それに合わせた競争戦略・利益構造を考えることはできるはずです。しかし、事業の構成要素はたいがい密な関係にあり、後々気づいた落とし穴のためにコンセプト部分もイチからやり直しになることが多いのです。

この考察なしでは、コンセプトはＯＫとなった後に1→10の壁での脱落確率が非常に高いので、プロダクト開発の開始時点でシンタックスの20項目に関して、必要十分なデザインはしておくことを強くお勧めします。

もちろん、プロダクト開発の開始時点で戦略・収益を１００点の状態に考察・検証していることなどはあり得ませんが、10の状態に至るために必要な論点に大枠の仮説を持っておくことを必須条件としましょう。

解像度・確度・精度の検証のループ

次に、この新しいフレームワークの20項目に関して、十分なデザインをしていくための観点について語っていきます。

「フレームワークを機能させられるか否か、はその人次第。ポイントを押さえてうまく使いこなせるかが大事で、それがプロか否かをわける」と、戦略コンサルに勤めた最初の１カ月、口酸っぱく言われました。

このシンタックスにおいても、次の３つのポイントが重要になってきます。

解像度：マクロ⇕ミクロのどの粒度で語っているか、を見定める観点
確度：定義にあいまいさがないか、を見定める観点
精度：どの程度検証できている仮説なのか、を見定める観点

最高の新規事業を創るべく、図表9のように、解像度・確度・精度の順で検証をしながら全体を俯瞰し、繰り返し検証をしながら、シンタックスの各要素を明確にしていく必要がありま す。つまり **「20個の構成要素それぞれに、解像度・確度・精度の観点で振れ幅があることを意識しながらサービスを言語化していく」** 必要があるのです。

まず**解像度の観点**ですが、ここは前述のとおり、マクロ⇕ミクロの粒度の観点です。

バリューデザイン・シンタックスは、この観点を強く意識したフレームワークにしているため、コンセプトの部分で向き合いやすいと思います。しかし、主語となる顧客はどんな粒度でも語れるものであるため、いつも立ち返ってここの粒度を考えながら顧客やそこに付随する課題・ソリューション・提供価値を確定しすぎずにピボットする意識を持って、ＰＭＦ時の最適なプロダクトとマーケットを探し続けてください。

ここでマクロな視点での動向をどう織り込むのか、という質問を受けることがあります。例えば自動車業界のことを考えていて、燃料電池車がベースになった世界のことを考えたり、移

［図表9］確度と精度の検証の往復する流れ

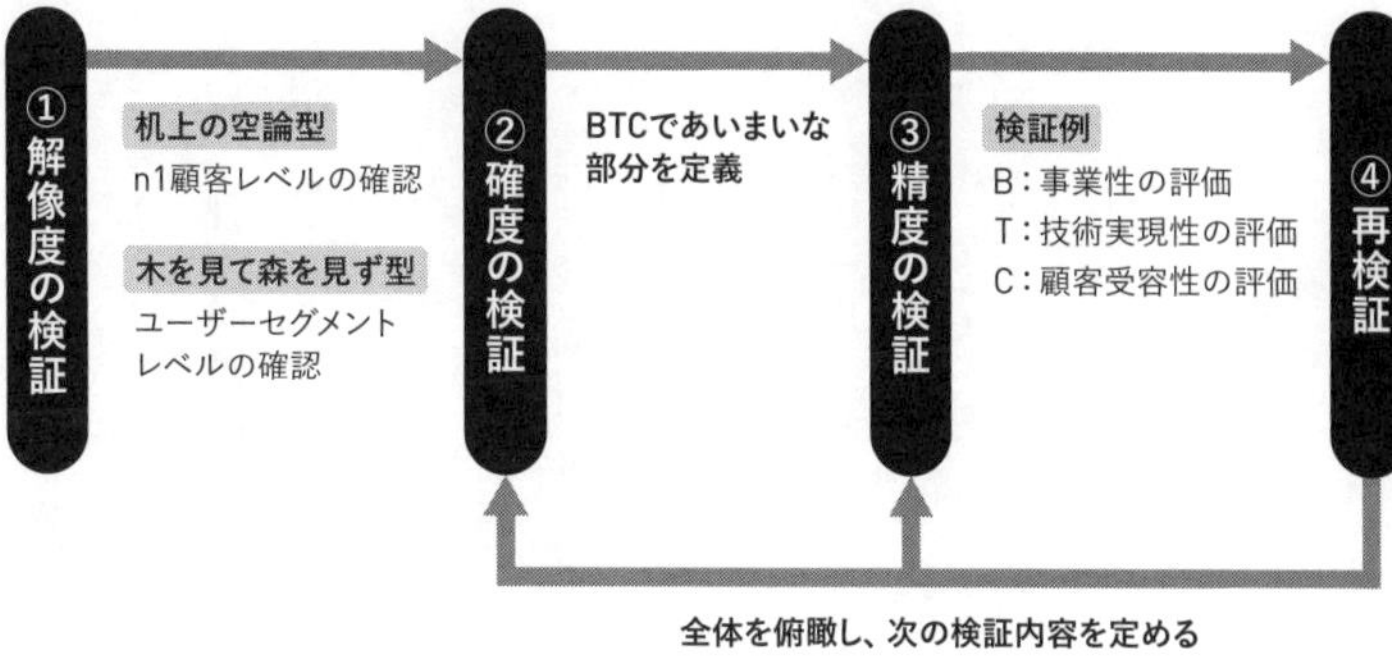

解像度：マクロ⇔ミクロのどの粒度で語っているか、を見定める観点
確度：定義にあいまいさがないか、を見定める観点
精度：どの程度検証できている仮説なのか、を見定める観点

動が必要なくなる世界はどうとらえるべきなのか、という質問です。

これに対するアンサーとしては、社会全体の前提条件が変われればそれに応じた顧客がどうその影響を受けるか、シンタックスの要素を考察することでとらえられるはずです。もちろん社会の変容は議論すべきですが、その際に大事なのは顧客課題がどう変わるか、をメインに考えることをフレームワーク化しています。

次に、**確度の観点**です。

0→1で重要なことは、デザイン（企画・設計）とプロトタイピング（試作・検証）の繰り返しだと語ってきました。ここで大事なことは、定義が曖昧な仮説は検証できない、つまり、仮説構築と検証の繰り返しにおいて、〝検証できる仮説〟でないと意味がないということです。

経験上、戦略の部分で曖昧さを残す表現になっていることが多く見受けられるので、そこの例で見てみましょう。

例えば、社内向け採用プロセスの管理システムを構想しているときに次のように書いてしまうことがあります。

- 顧客を「採用を強化している会社」
- 選ばれる理由を「使いやすいこと」
- パートナーリソースを「連携先とのシステム連携が大事」

これだと、一度プロトタイピングしてみて顧客インタビューや協業先候補に当たってみても、どんな顧客なら課題がマッチするかも、選ばれるのかも、どんな協業をしていけば良いのかも、何の再現性も見いだせません。

例えば、以下ぐらい具体的に書ければ、次の論点が明確になってきます。

- 顧客を「目標採用人数を100人以上に設定している会社」
- 選ばれる理由を「採用チームの新卒メンバーでも1週間で使いこなせるＵＩ」

・パートナーリソースを「既存〇〇サービスに連携して明日から使えること」くらいの確度で定義されていれば、
・顧客セグメントには日本に〇〇社いるから、シェア10%取れれば採算とれそう
・そのUIは、競合ベンチマークすると現有エンジニアリソースで半年あれば創れそう
・連携できるように、どうWin-Winの提携を組むべきかが要考察

解像度を見極めた後には、確度を上げて客観的な定義をしていくことが求められるのです。解釈の余地が残るものは、検証後に気づくとまったく意味をなさなくなる可能性が高いので、気をつけましょう。

最後に、**精度の観点**ですが、これは仮説の〝検証できている度合い〟のことです。

0→1のゴールは、「顧客課題への最小価値」を検証できた状態でした。シンタックスを書き切った後には、最小価値を創って顧客に問うタイミングを迎えることになるので、プロダクトを創ると踏み切れるほどの確信と確証を持てる仮説検証ができているか、という精度の観点を繰り返しチェックしなければなりません。

また、新規事業の仮説の精度と向き合ううえで難しいのは、時間やリソースの制約で最短距離を走る必要があるため、過度に考察のための考察をしていないか、という逆からの観点も意

識しなければならないことです。

ここで語ってきた解像度・確度・精度は、基本的にはその順番でブラッシュアップして言語化していく形を取りますが、**「確度：定義の曖昧さの排除 ⇕ 精度：仮説検証度合い確認と深掘り」の点は、行き来を繰り返すことで、シンタックスの項目「サービスコンセプト・競争戦略・利益構造」それぞれの確度・精度を上げていく**ことになります。

この行為そのものがサービスのピボットです。一発で確実にいける仮説が導き出せることはあり得ないので、その行き来が大事になり、行き来によって磨き上げられた仮説が確度・精度の観点で青信号になっているか、を確認しながら何が足りないかを見定めて進めることが肝心です。

この青信号か否かは、会社の意思決定の基準にもよりますが、確信と確証を得ていくために必要な方向性や考察は共通しますので、その青信号をどうやって創っていくか、をこの後でお伝えしていきます。

サービスデザインの方法論

いよいよここからは「バリューデザイン・シンタックス」を活用した新規事業のサービスデザインの方法とその要点についてお伝えしていきます。

シンタックスを用いたサービスデザインの標準プロセスとしては、左から「サービスコンセプト↓競争戦略↓利益構造」の順にデザインを進めます。手前の工程を意識しながらデザインしていくことがとても大事なのです。

顧客価値が事業目的の中核なので、まず「顧客・課題・手法・提供価値」に関するサービスコンセプトを固めていき、それを実現するためにサービス提供者側の競争戦略・利益構造を固めていく流れを取ります。

もちろん、競争戦略や利益構造を固めていく中で、サービスコンセプト自体のピボットを余儀なくされることは多々あります。しかし、逆の順番に考えると手段に寄ったデザインとなり、最高の価値を探すことを放棄しかねません。

後述しますが、技術シーズありきのプロダクトアウト型でサービスデザインを行う場合でも、その技術シーズを求めてくれる「顧客・課題・手法・提供価値」を考えつくして、その中で一番市場性・事業性の高いサービスコンセプトを選定してから競争戦略・利益構造に戻る流れを取ることを強くお勧めしています。

あくまでも、サービスのフロントである「誰のためのなんの価値を創るか」が一丁目一番地でありながら、その一丁目一番地を見失うことが多々あるので、サービスコンセプトの仮説を先に立てて、デザインしていくことを強く意識しましょう。

サービスコンセプトのデザイン

サービスコンセプトのデザインは、「誰」の「どんな課題」を解決するための「どんな手法」により「どんな価値」を提供するか、を見定めていくのですが、主語の「顧客」の設定が最重要です。

もちろん、最初の時点で最適な顧客設定ができることは少なく、他の構成要素を議論していく中で、常にピボットする可能性があります。

[図表10] サービスコンセプトのデザイン

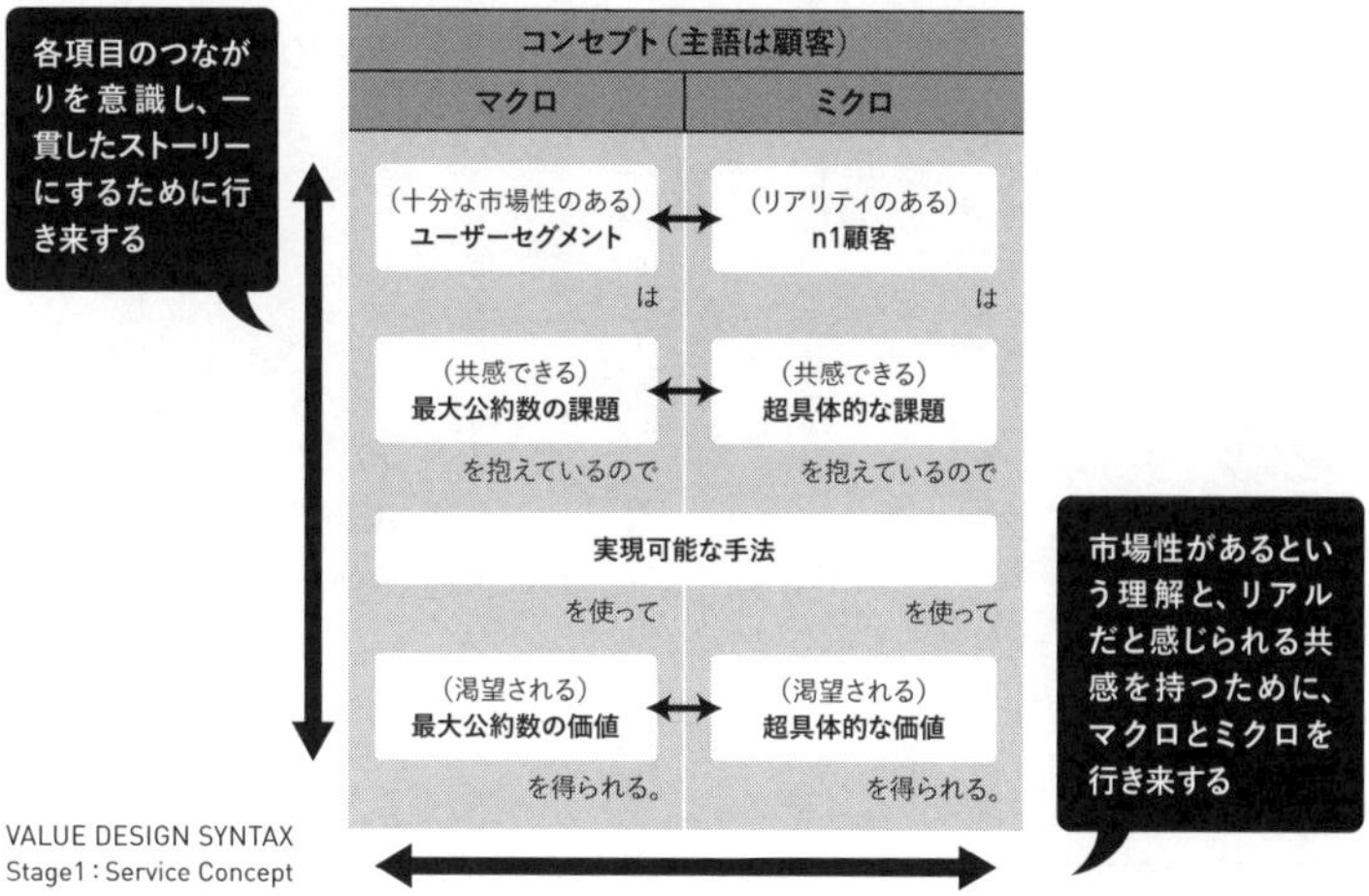

顧客は、図表10のようにマクロ視点の確証とミクロ視点の確信、つまりユーザーセグメントとｎ１顧客の２つがあります。

まずミクロ視点は、リアルなｎ１顧客と超具体的な課題と価値を見ることで、このニーズは確かにあるという直観的な手触りに確信が得られることを目的としています。

一方、マクロ視点は、事業性を意識して、戦うのに十分な市場の大きさのユーザーセグメントをとらえて、その最大公約数的な課題と価値を確証できることを目的としています。

ユーザーインタビューで実際の声を拾いながら、ミクロとマクロを横に並べて議論を進めていくと、「ｎ１顧客の課題を違う視点で汎用化していくと、セグメントはもっと大きくとらえなおせる」とか、「セグメントを代表するｎ１顧客は、アーリーアダプターは確かにこの人だが、マスのｎ１顧客はこの人ではないか」といった具合に、サービスコンセプトの確度・精度を上げていくことができます。

マクロは、十分な市場性を持っている「顧客・課題・手法・価値」を定義していくことになるため、その前提でユーザーセグメントを定義することから始め、その定義に合わせて相応な頻度で発生する課題を定義し、実現性を評価できるような具体性を持った手法を書き、そのうえで、課題の粒度に合わせた「なりたい状態」を価値として表現する、という流れになります。

ミクロは、確信を持つために手触りをもって直観的に感じ取れる表現を目指すことが大事です。そのため固有名詞となるｎ１顧客を設定することから始め、その人の課題を「あるある」を感じられる言葉で書きます。そして、マクロと同様の手法を踏襲したうえで、課題の粒度にあった具体的なｎ１顧客にとって「なりたい状態」を価値として表現する、という流れになります。

サービスコンセプトを書く際には、各項目のつながりを強く意識しつつ、解像度のミクロとマクロを行き来することで、確信も確証も持てる最高の一貫したストーリーを描けるのです。全身全霊で、コンセプトを鍛え続けていきましょう。

具体例として、ヘルプデスクのサービスを記述してみると、図表11のようになります。

最高のサービスコンセプトを書くためのデザインの流れは、次のようなコンセプトの「仮説

[図表11] サービスデザインの記述例

記述のポイント（マクロ）	マクロ		ミクロ	記述のポイント（ミクロ）
○ 60〜70代の人 × 高齢者 十分な市場性（TAM）があるか、を考察できるように、「何人いるか」が計測可能な定義にすること	60〜70代で新しい電子機器に不慣れで機械にくわしい同居人がいない層 は	↔	父の佳樹 は	○ 父の佳樹 × 60代で三鷹市に住む人 確信を持つための手触り感を持てるようにn1顧客を固有名詞で書くこと
○ 電子機器の不調 × 60型TVの入力端子 十分な市場性を持つ課題か、を考察できるように、「ユーザーターゲット」の大半が相応の頻度で抱く課題を書くこと	電子機器の不調や使い方がわからない時に、やり方を聞けない を抱えているので	↔	お掃除ロボにエラー表示が出たが、説明書が電子化されていて、たどり着けない を抱えているので	○ 説明書Webページにたどりつけない × 電子機器の不調に対応できない 確信を持って共感できる課題か、を考察できるように、「あるある」を感じられる具体的な描写をすること
○ ある人とある条件でつながれる電話 × オペレータとつながれる電話 実現性があるか、を考察できるように、「何をどう行う」かという具体的な行動がわかる形で書くこと	在宅ギグワーカーのスキマ時間を使い、一般的なITリテラシーがあれば対応できることのみ電話サポート を使って		を使って	
○ 親密な相談相手とつながれる × いつでもつながれる 十分な市場性を持つ価値か、を考察できるように、課題の粒度を合わせるとともにユーザーにとって「なりたい状態」を書くこと	近くに家族がいなくても信頼をおいて相談できる相手とつながれる安心 を得られる。	↔	エラー表示をWeb上で調べて教えてくれる人とすぐにつながれる便利さ を得られる。	○ Web上で調べて教えてくれる人とつながれる × いつでもつながれる 十分な市場性を持つ価値か、を考察できるように、課題の粒度を合わせるとともにユーザーにとって「なりたい状態」を書くこと

構築→仮説検証」という流れが標準的です。

仮説構築①顧客：マクロとミクロの往復
仮説構築②課題と手法：価値を付加する
仮説構築③解決：点と線の視点を補い合う
仮説構築④価値：体験を意味でとらえ直す
仮説検証①プロトタイピングによる検証
仮説検証②仮説選択の評価基準

順に要点をお伝えします。

仮説構築①顧客：マクロとミクロの往復

多くの事業開発を見てきましたが、あらゆる新規事業は、マクロ偏重の「机上の空論型」とミクロ偏重の「木を見て森を見ず型」のどちらかに陥りがちです。

「机上の空論型」は、Biz人材、特に大企業で多く見られる傾向です。

中期経営計画で特定の産業領域や、トレンドになっている技術領域での展開を標榜しているが、その具体的な顧客像・課題・価値を誰も模索していないと嘆く声をよく聞きます。

ここには、憂いていても仕方ない背景があります。大企業では、新規事業といっても、最終的に相応の規模が見込める事業でなければやる意味がなかったりします。トヨタが市場規模10億円しか見込めない事業に本気で取り組むのは難しい、ということです。

そのような会社の前提条件を設定して、1000億円以上の市場規模が見込めるユーザーセグメントや課題を設定できているかを早期に振り返りながら、具体化する方法を取る必要があります。

その力学から、マクロ視点で発端の議論をしてしまうことでマクロ側の確証は得られやすいのですが、右脳的な確信が得にくい傾向になるわけです。そのため、この力学が存在すると自覚がある場合は、特にミクロ側の具体化考察を強く意識して補完することが望まれます。

一方、**「木を見て森を見ず型」**は、Creative人材の起点で多い傾向があります。

そして、大企業内の新規事業開発アクセラレータープログラムはこちらに偏重してしまっている。ピッチイベントを主体とした考察方法を前提とし、TED的プレゼンをイメージしているため、自らの原体験からピッチすることが流行った影響だと感じています。

それはもちろん悪い話だけではなく、机上の空論型を避けるための策としては定石なのですが、結果としてミクロ視点のみに偏ってしまうのです。

実際、「どんな観点でユーザーセグメントにできて、どう顧客獲得していくのか？」という話に答えを持っていないことが多くあり、事業開発の観点で見てしまう私みたいなBiz人材から見るとマクロ視点が足りていないのがもどかしくなり、その違和感を良く伝えます。

この場合は、具体的なｎ１顧客や課題を起点に、課題を可能な限り大きな塊でユーザーセグメント化しつつマクロ視点に一度広げ、最大公約数となるような課題の探索をする動きに移ることが求められます。

ここで難しいのは、マクロ視点で眺めようとすればするほど、価値が薄まって、初期の仮説のコアバリューが失われ、誰でも考えられそうなコンセプトが丸まっていくパターンに陥ることです。

これを避けるための魔法の杖はなく、初期仮説の課題・価値の中で絶対にピボットしないものとピボットしてよいものを、血のにじむような切実さで明確化することです。その結果、ミクロに迫力を残しつつマクロを描ける可能性を見いださなければいけません。

具体的なやり方は、のちのCreative起点のサービスデザイン（P253）でお伝えします。

仮説構築②　課題と手法：価値を付加する

課題にフィットした手法を探索し実証する領域なのですが、良くある誤解があります。課題に対してフィットする手法を探そうとすると、課題を裏返しただけのものを手法と考えてしまいやすいのです。

おなかがすいている人だから、ご飯をたべたら、とお勧めする。朝起きられないから、爆音の目覚まし時計を用意する。結果、最適ではない手法が出てきてしまいます。

これだけ多くの快適なサービスに囲まれている現代人にとっては、短絡的なアイデアで新しい手法を生むのは難しいものです。

そのため課題と手法を考えるときに、価値を同時に考えることが肝心です。

起きられないという課題に対して、価値をはさんで考察すると「夜ふかしせずに快眠早起きができて健康的」という価値（もしくは状態）を設定することができます。

つまり、その価値のある状態は、あるべき姿（To Be）であり、課題は現状（As Is）ととらえて、その差分をどうやって埋められるか、と考えることで手法を発想する幅が広がるのです。

例えば、「夜ふかしの天敵である、スマホの通知機能を切る物理ボタンデバイス」とか「夜に

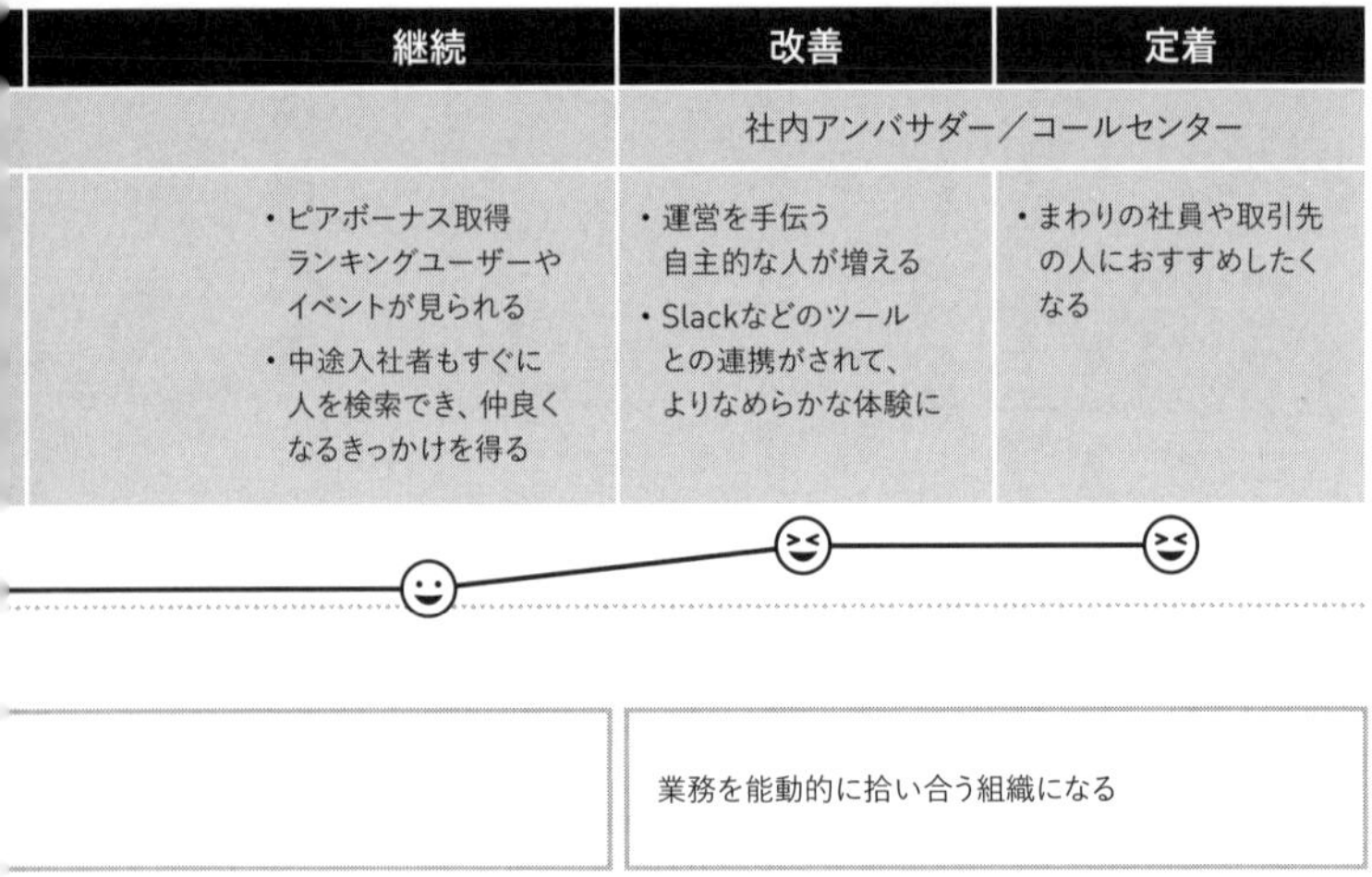

	継続	改善	定着
		社内アンバサダー／コールセンター	
	・ピアボーナス取得ランキングユーザーやイベントが見られる ・中途入社者もすぐに人を検索でき、仲良くなるきっかけを得る	・運営を手伝う自主的な人が増える ・Slackなどのツールとの連携がされて、よりなめらかな体験に	・まわりの社員や取引先の人におすすめしたくなる

	業務を能動的に拾い合う組織になる

深部体温を下げる枕」など、考えが広がるはずです。

ここまでは課題を起点に手法を考えるマーケットインのアプローチでしたが、手法を起点に課題を考えるプロダクトアウトのアプローチの場合も間に価値をはさむことが大事です。

これについては、技術シーズのマーケットフィットの際にすごく大事な考え方になるので、後のTech起点のサービスデザイン（P246）で深掘ります。

仮説構築③解決：点と線の視点を補う

手法の考察については、ソリューションを通じて提供するユーザー体験の中で最もコアな箇所を定義することが目的になります。

[図表12] ユーザージャーニーマップ：社内コミュニティ支援ツールの例

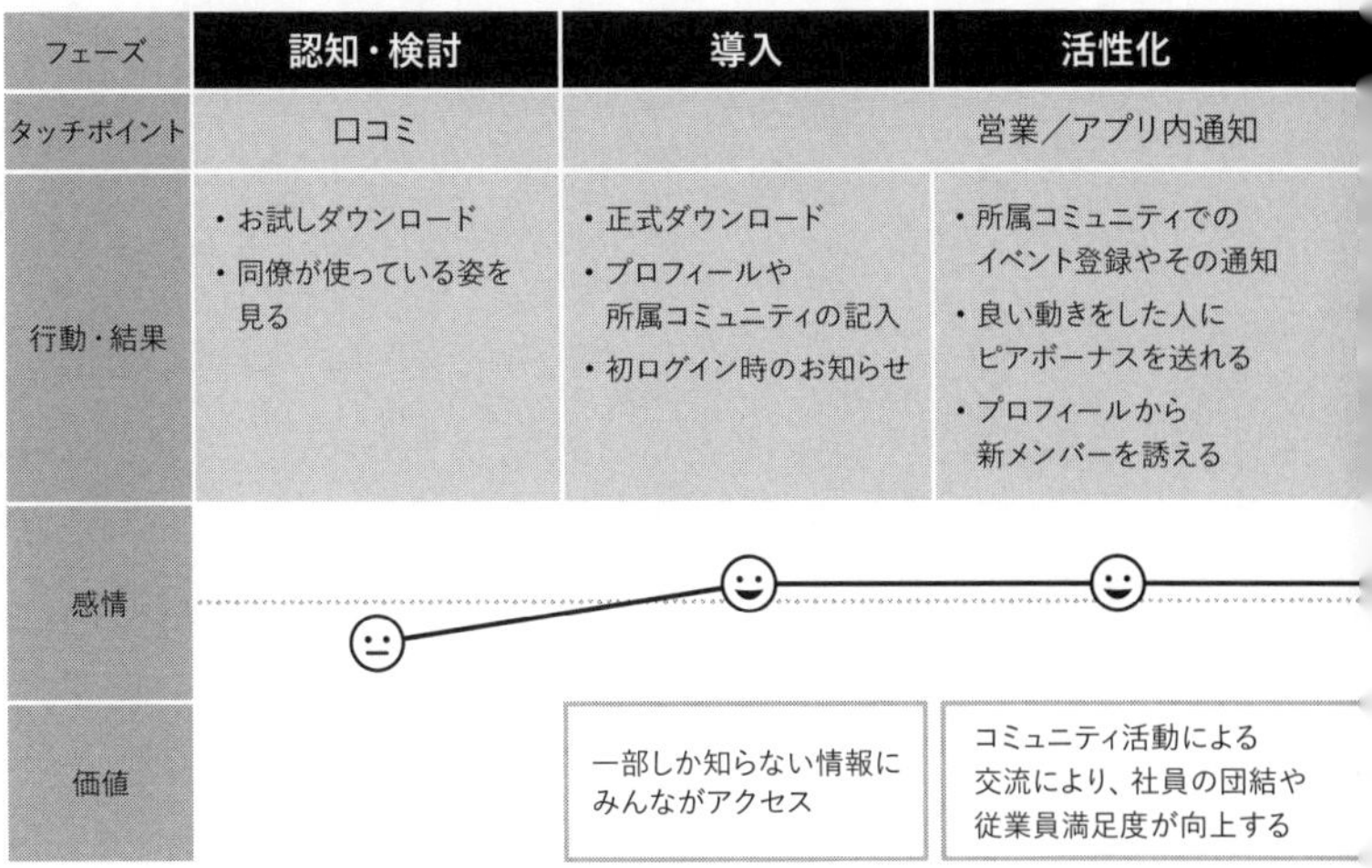

フェーズ	認知・検討	導入	活性化
タッチポイント	口コミ		営業／アプリ内通知
行動・結果	・お試しダウンロード ・同僚が使っている姿を見る	・正式ダウンロード ・プロフィールや所属コミュニティの記入 ・初ログイン時のお知らせ	・所属コミュニティでのイベント登録やその通知 ・良い動きをした人にピアボーナスを送れる ・プロフィールから新メンバーを誘える
感情	😐	😊	😊
価値		一部しか知らない情報にみんながアクセス	コミュニティ活動による交流により、社員の団結や従業員満足度が向上する

ここで最初に悩むのは、サービスの特徴によって、次の2つの考察方法があることです。

線：サービス全体が提供するUXを検証すべきなのか

点：コアバリューを一番体現している瞬間のソリューションを検証すべきなのか

1つ目として、サービス全体が提供するUXのつながりを線でとらえるには、図表12のような**「ユーザージャーニーマップ」**を描きます。

サービス全体が提供するUXのあるべき姿の認識合わせや全体のつながりを意識するために使われる設計です。体験フェーズを分け、そのフェーズごとにサービスを磨いていった先の顧客の然るべき行動や思考、感情により添った状態を書き、現状との差分を見いだすことで、具体的なソリューションを描く方法です。

2つ目は、図表13のようなコアとなるユーザー体験を点でとらえる**「紙芝居型」**です。コアとなる課題・手法・提供価値にのみフォーカスして、そのシーンの情景が湧くような紙芝居を描く方法です。こちらは最重要のコアバリューが手触り感のあるイメージで伝わりやすいという利点があります。

良くある落とし穴は、アプリ体験時のことだけが議論されていて、アプリとの出会いのユーザー体験が考慮されていないなど、体験の全体感が抜けることが多いです。

ユーザージャーニーマップは、サービスの全体感をもとにソリューションを考えやすいのですが、最重要のコアバリューが見えにくく、逆に紙芝居型は、コアバリューがとらえやすいものの、サービスの全体感が見えにくいという、それぞれのメリットとデメリットがあります。

初期の考察においては、いま議論すべきが線なのか点なのかを意識した状態で、補完的に弱い解像度の側も考慮されているのが理想です。

またソリューションの中身を考察する際には、問いの立て方が重要になってきます。問いを立てるのによく使われるのは**“How Might We”（どうすれば私たちは〜できそうか？）**です。“How Might We”の基本要素は「対象となるユーザー」「ゴール」「制約」で、それらを次のようにとらえます。

［図表13］紙芝居型

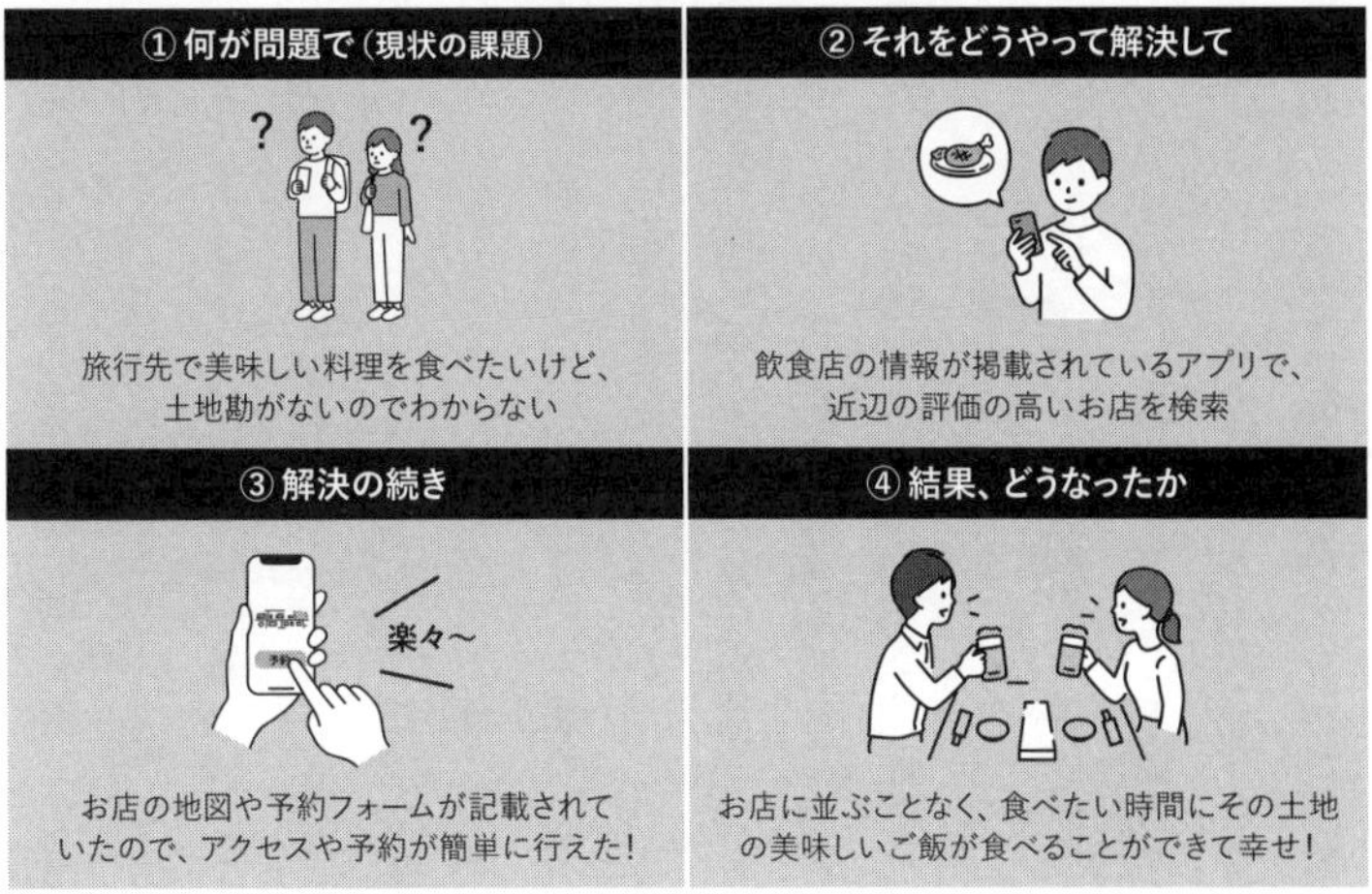

①何が問題で（現状の課題）
旅行先で美味しい料理を食べたいけど、
土地勘がないのでわからない
②それをどうやって解決して
飲食店の情報が掲載されているアプリで、
近辺の評価の高いお店を検索
③解決の続き
楽々〜
お店の地図や予約フォームが記載されて
いたので、アクセスや予約が簡単に行えた！
④結果、どうなったか
お店に並ぶことなく、食べたい時間にその土地
の美味しいご飯が食べることができて幸せ！

「どのようにすれば私たちは【対象となるユーザー】のために【制約】を考慮しながら【ゴール】を提供できるだろうか」

（木浦幹雄『デザインリサーチの教科書』より）

この3要素を広く置きすぎてもぼやけるし、狭くしすぎるとソリューションの幅がなくなるため、この3つを広げたり縮めたりしながら、考察を深めていくことが有効です。

仮説構築④価値：体験を意味でとらえ直す

昨今ではプロダクトそのものだけで差別化をすることが難しくなってきており、体験全体を通しての設計が肝になってきています。

体験としてとらえる、と一口で言っても、利用時の一次的な体験から、それを予め期待している際のＵＸ、利用後のエピソード的ＵＸ、体験を積み重ねたのちの累積的ＵＸの４つの時間軸が考えられます。ＵＸの時間軸は特にBiz起点での事業アイデアで抜け落ちがちです。

この顧客・課題・手法・提供価値の仮説構築の最後のステップで、シンタックスを使った「意味のとらえ直し」という有効な手法をお伝えします。

Airbnbを例として、図表14のように「価値を固定したうえで、顧客・課題・手法を大きくとらえ直す」方法について見ていきます。

「民泊できる場所を見つけられる」という価値は、素直に考えると「低価格な旅行」を求める顧客課題に合致して、十分に市場規模のあるサービスとして成立しています。

しかし、この「民泊できる場所を見つけられる」という価値は、旅行だけではなく「旅行を含む、非日常な体験」を求める「気軽にできる非日常な体験を求める人」の課題としてとらえ直すことができます。

実際に、最近のAirbnbは旅行だけでなく、自分の非日常な体験を行うための「普段とは違う場所をプライベートスペースとして借りる」という新しいサービスを提供しています。

このように、コンセプトを上から考えていった結果出てきた価値をもとに再度、「本質的な意味は何か？」をとらえ直すと、まったく違った顧客・課題・手法が見えてきて、さらに大きな

［ 図表14 ］ 意味のとらえ直し：Airbnbの例

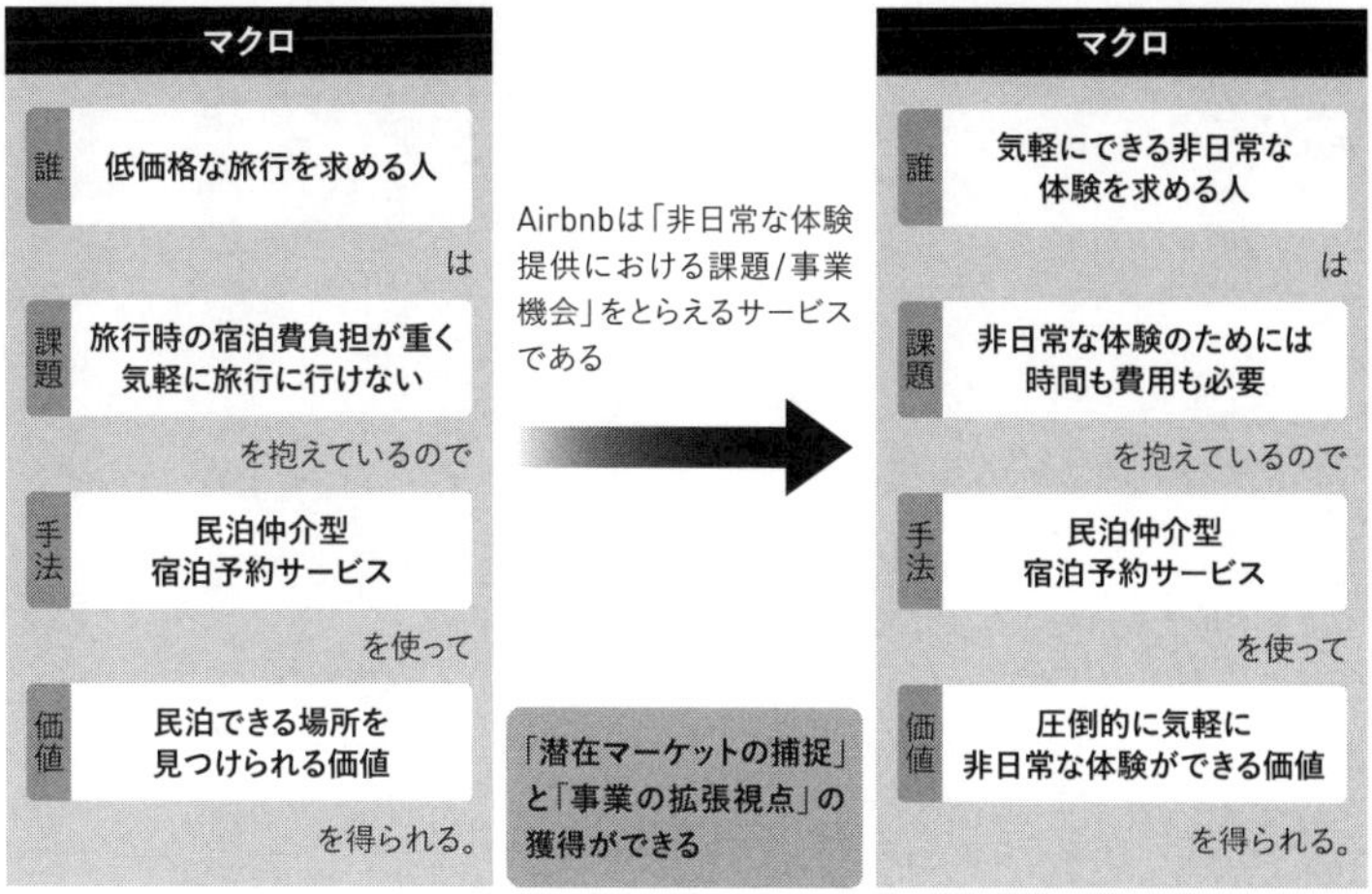
マクロ
誰
低価格な旅行を求める人
は
課題
旅行時の宿泊費負担が重く
気軽に旅行に行けない
を抱えているので
手法
民泊仲介型
宿泊予約サービス
を使って
価値
民泊できる場所を
見つけられる価値
を得られる。
Airbnbは「非日常な体験提供における課題/事業機会」をとらえるサービスである
「潜在マーケットの捕捉」と「事業の拡張視点」の獲得ができる
マクロ
誰
気軽にできる非日常な
体験を求める人
は
課題
非日常な体験のためには
時間も費用も必要
を抱えているので
手法
民泊仲介型
宿泊予約サービス
を使って
価値
圧倒的に気軽に
非日常な体験ができる価値
を得られる。

価値を持つ事業コンセプトが見いだせることがあります。

この意味のとらえ直しは、価値に自信が出てきたタイミングで行うことをお勧めします。

仮説検証① プロトタイピング検証

コンセプトの顧客・課題・手法・提供価値に関する仮説構築が終わったら、仮説検証に入り、仮説構築との行き来が始まります。

デザイン（企画・設計）とプロトタイピング（試作・検証）の後者の部分です。

試作方法×検証方法には、たくさんの方法が開発されており、多くの組み合わせが存在します。

ここでは、特に重要性が高いユーザーの受容性と共感部分を例に、試作・検証方法を考えてみましょう。

■試作方法（④から①の順で工数がかかる）

①Paperレベル：ラフにスケッチしたものや、コンセプトを言語化したもの
②Combinationレベル：既存サービスの組み合わせで、類似体験するもの
③Only Visualレベル：動かないが最終サービスのイメージがわかるもの
④Workingレベル：動くもので、主要な機能を体験できるもの

■検証方法

・アンケート調査形式
・デプスインタビュー形式
・メンバーがプロトタイプを試用する形式
・部外者がプロトタイプを試用する形式

目に見えて動く「④Workingレベル：動くもので、主要な機能を体験できるもの」での検証は強力ですが、もちろんその分工数がかかります。試作・検証にどのぐらい時間をかけて良い

か、必要十分な試作・検証方法を選ぶ必要があるわけです。

これらの方法を決定する要因は、体験をイメージする難易度で、わけられます。

・使わずとも体験価値をイメージできるサービス

・使わないと体験価値をイメージできないサービス

「使わずとも体験価値をイメージできるサービス」の場合は、検証してもらう潜在顧客にとっても受容性（受け入れやすさ）を評価しやすいものなので、定量評価が可能なアンケート調査が有効です。

プロトタイピングには力を入れすぎず、1時間程度で紙やプレゼンツールなどで描ける「①Paperレベル：ラフにスケッチしたものや、コンセプトを言語化した」プロトタイプを通じた検証が主となります。

そして、サービス受容性をさらに上げるためのＵＩの方向性を検証していく際には、「③Only Visualレベル：動かないが最終サービスのイメージがわかるもの」で、サービスの最終形をイメージしやすい絵を用意して、潜在顧客にしっかり伝えて深層心理までを聞き出すデプスインタビューを通じた検証が有効です。

一方、「使わないと体験価値をイメージできないサービス」の場合は、2段階のプロトタイピングが有効です。既存商品がなかったり、感性価値と呼ばれる、体験することで共感や感動を覚えるようなサービスはこちらのパターンです。

1つ目のレベルでは、チームメンバーを被験者にし、「②Combinationレベル：既存サービスの組み合わせで、類似体験するもの」で行います。

ここでは、テストを受ける被験者が意識的にＵＩの完成度を無視する必要が出てくるため、まずは仲間内での検証が必須条件となります。検証方法に迷ったり検証準備に時間を取るより、使い慣れたツールでサクッと始めてみて、すぐに自分たちの確信や違和感を確認していくことが重要です。こういった工程を省かずにクイックに行うことで、プロトタイピング検証の精度とサイクルの回数が格段にあがります。

そして、上記だけではど真ん中の潜在顧客の受容性を見られない場合は、アーリーアダプター候補を被験者にした形で「④Workingレベル：動くもので、主要な機能を体験できるもの」での検証を行い評価していきます。この際、体験全体の流れを想像しやすいように、例えばデジタルプロダクトでは主要な画面遷移がわかるようにしたほうがよいでしょう。

サービスの性質によって、徐々に重めのプロトタイピングに移行していくパターンが多く、その状況に応じて、「何を検証するべきタイミングで、最小の工数でできる方法はどのレベルか？」という現状把握をし、最適な試作・検証方法を選定するようにしていきましょう。そのためには、検証手段だけが先行しないように検証計画をしっかり立てることが大事です。以下のポイントをクリアしている検証計画をチームで握ることが大事です。

■検証計画のポイント

- 何を検証したいのか、を平易な言葉にできていること
- 創りたい価値を分解し、検証項目ごとに見合った検証手段を決めていること
- 優先度と工数を見て、どこまでを検証するかを決められていること

検証計画がないと新機能Ａの受容性を検証したいのに「なんか見た目がしっくりこない」というフィードバックだけもらって終わりました、みたいなことが起きてしまいます。

これがないと、なんとなくきれいなプロトタイプを作りたくなってしまったりして、その工数の分、本当に検証すべきことが抜けてしまいかねません。

プロトタイピングによるアジャイル（迅速）な改善の積み重ねは、みなさんがよく使われているアプリのＵＩ／ＵＸでも大事ですが、０→１、１→10でも体験価値の差を分ける大事な要素になります。

仮説検証② 仮説の評価と選択

このステップのゴールは、競争戦略・利益構造デザインに入るためのサービスコンセプトを決めることです。構築したサービス仮説の中で**「一番有望な仮説を選択する」**もしくは**「どの仮説も弱いため、別の仮説構築に進む」**のいずれかを判断する工程です。

「市場性」「会社の意志」（＋競争優位性）の選定軸で仮説の評価を行い、サービス仮説を選定していく順番が有効です。

前述の事業成功要因の分解からもわかるように「市場性」「競争優位性」「収益性」がサービス仮説の選定時には大事ですが、多くの新規事業の場合、この初期段階から「収益性」を意識しすぎると議論が進まない&評価しえないことが多いので、対象外とするのがベターです。

さらに、「競争優位性」に関しても、次の競争戦略デザインのところで深掘っていくため、「明らかに強い競合サービスがいるか／いないか」の評価に留める程度で良いでしょう。

ここで「会社の意志」を選定軸に入れることが実はとても有効です。

昨今では、ミッション・ビジョン・バリューを決めたり、会社としてどの方向性に事業を拡大したいか、という意志が統一されたブランドが強いことは多くの事象で証明されています。

［図表15］サービスの仮説選択：ウェアラブルデバイスの例

	市場性	会社の意志	（競争優位性）
運送会社向け居眠り運転防止サービス	大きな業界課題だが、業界全体の投資体力が低い △	ビジョンである社会課題への貢献意識と合致する ○	強い競合プレーヤが1社いる △
趣味ランナー向けランニングフォーム改善スマホアプリ	ランナー人口は多いが、フォーム改善意識が高い人は少ない △	特にビジョン合致なし ×	強い競合プレーヤが1社いる △
働き方改革施策の効果測定サービス	実際に数社がPoCに手を挙げるが、市場規模は小さい △	特にビジョン合致なし ×	強い競合プレーヤが見当たらない ○
ALS患者向け電子機器の視線操作ツール	患者数が全世界でも10万人程度 ×	ビジョンである社会課題への貢献意識と合致する ○	強い競合プレーヤが見当たらない ○

評価軸の例			
市場性	○：100億円以上の市場規模	△：10億円以上の市場規模	×：10億円未満の市場規模
会社の意志	○：強く合致する	△：ほどほど	×：特に合致しない
競争優位性	○：強い競合が見当たらない	△：強い競合が1社いる	×：競合が想定されない

また、顧客はもちろん社員や株主の共感を得られる会社であるためには、会社の新しい挑戦である新規事業の方向性は大きなメッセージになります。

具体的には、図表15のように「市場性」「会社の意志」（＋競争優位性）について、必要な情報収集や検証を行っていきます。

この際、○△×などの評価基準を明確にし、全員で評価を入れたうえで、その評価理由を誰もが振り返れる客観的な情報として残しておくことを忘れずに行ってください。

今回選定したサービス仮説を磨き上げていったあとに無理だとわかり、仮説をピボットすべく再度この仮説選定に戻ってきたときに、客観的な評価理由を明文化しておかないとまたゼロから情報収集や検証を行わなければならなくなります。

その評価基準の明確化のために、各項目について簡単に解説します。

「市場性」では、顧客だけでなく、会社や投資家によって異なることを意識する必要があります。例えば、売上10兆円級の大企業ではどうしても事業規模への期待が大きくなりますし、成長率への期待が大きいスタートアップでは、確実性よりもムーンショット的な事業を期待されることでしょう。

新規事業の事業開発を進めていると、この部分のズレがあとから出てくることは良く目にします。「これって日本市場だけが対象ならやらないほうが良い市場規模だと思っていた」みたいなレベルのズレがおこることも多々あります。これは、事業投資の初期にこの目線合わせができていないことが問題なのです。

規模感を見るための尺度として、図表16のように、TAM／SAM／SOMを見ることが求められ、向き合っている市場規模を見いだすことは必須要件となります。

この中でもコンセプト議論の時点では、TAM／SAMのみが対象で、SOMは対象外になります。それはSOMには、戦略部分の優位性が考察されたうえで、競合に対してどの程度シェアを取れるのか、という観点が入るため、まずはTAM／SAMから考えることが必要なのです。

［図表16］市場規模の指標

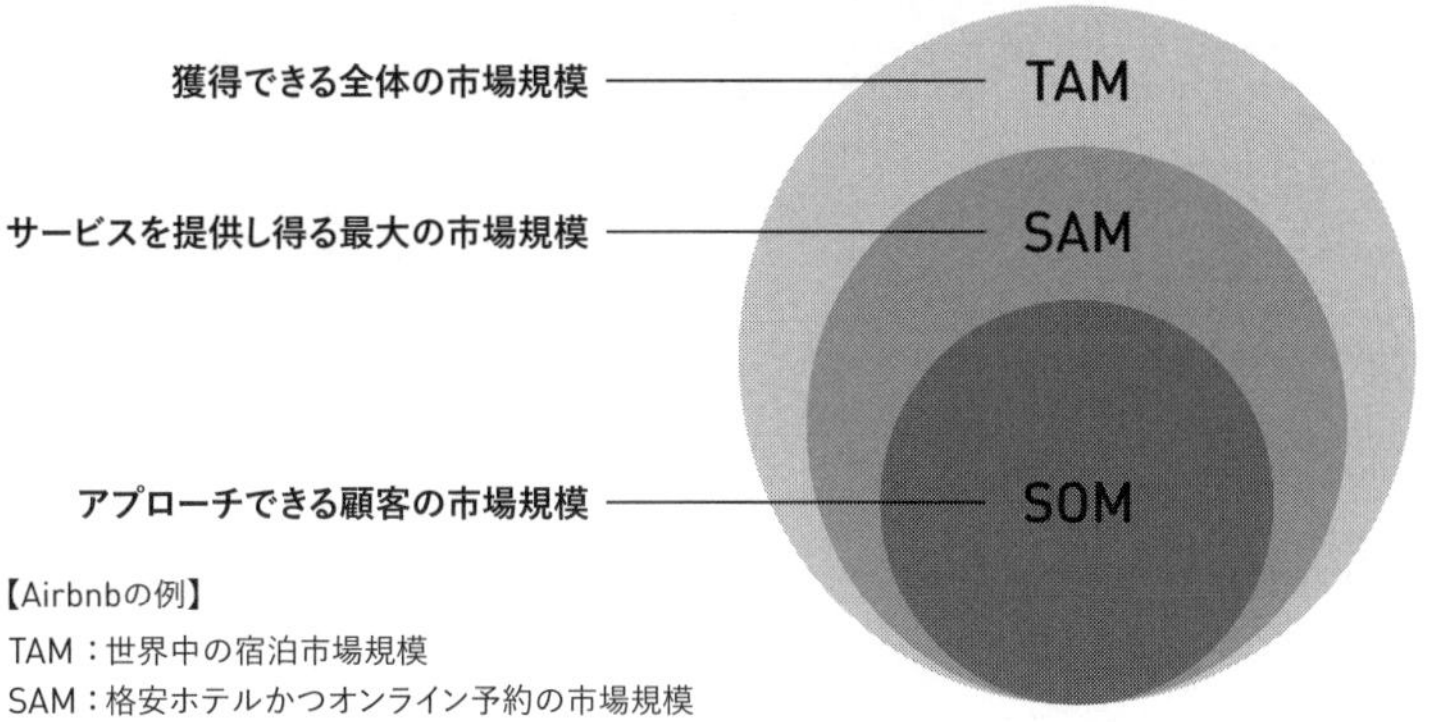

【Airbnbの例】
TAM：世界中の宿泊市場規模
SAM：格安ホテルかつオンライン予約の市場規模
SOM：Airbnbの事業規模

新規事業のサービス仮説ではTAM/SAMのみを検証する

TAM／SAMを描いた際に、社運をかけて挑戦する意味のない規模だったら考え直す必要があるため、早めに規模感の確認を行う必要があります。

「会社の意志」では、会社にミッション・ビジョン・バリューがあれば、そこの整合や中期経営計画との整合などから「×：真逆もしくは不一致」「△：ほどほど」「○：強く合致するもの」を3段階程度で評価をしていくことになります。

会社の意志を言語化していない場合は、企業広報・PRのメンバーと一緒に新サービスのプレスリリースの表題を書いてみて、会社のブランド戦略に合致しているものを見分ける方法を取ることもあります。プレスリリースに書き落としてみるという形は、会社全体にとって新規事業がどういう意味を持つものか、を意識して言語化できる良い方法ですので、迷ったら実施してみてください。

最後に**「競争優位性」**では、すでに見当がついている競争優位な理由（技術などのアセット）があれば、それがサービスの軸として強みになりそうなのか、が大事になります。しかし前述のとおり、事業機会を絞り込む前に詳細な分析に時間をかけすぎるのは、非効率な可能性が大いにありますので、軽めの仮説検証でサービス仮説を選定し、競争戦略の深掘りに早く入るほうが正解な場合が多いです。

ここまででドメイン選択の軸ができたので、その選定軸に合わせて、情報収集を行うことになります。

市場性や競争優位性に関しては、多くのフレームワークが存在し、先行文献がありますので、そちらを参照ください。

一点、良く抜け落ちやすい点があるので、そこだけ補足します。

事業機会を考える際に、サービス全体の中でどの価値を重点的に担うか、という観点です。例えば、ハードウェアの事業であれば、「企画開発、部品メーカー、端末の製造組み立て、販売、メンテ……」がバトンリレーのように価値を創り、組み合わせて顧客に届いているものなので、そのどこに取り組むのか、を決めないと市場規模なども見えてきません。

例えば、材料・素材メーカーだけが利益率が高い業界もあれば、最終のエンドユーザーとの接点の会社だけが利益率が高い業界もあります。それらを意識して、市場性・収益性を見ないといけない、という観点でバリューカーブを見て分析・アイデアだしをしておくことは有効です。

類似産業のバリューチェーンごとの主要プレーヤーの利益率などを見て分析をする方法では、単独事業を行っている会社が少なく難しいことが多いので、業界の有識者にまとめてインタビューすることなどが有効です。

最近では、有識者インタビューをするためのサービスも充実していますので、時間を買うと思えば早めに聞いてしまうことが得策でしょう。

コンセプトデザインに終わりはあるのか

バリューデザイン・シンタックスのサービスコンセプト部分を書いてみて、次の競争戦略に進んで良い状態なのかの判断に自信が持ち切れない方もいらっしゃるかもしれません。

このシンタックスが大事にしているのは、サービスの構成要素すべてに連関性があることですので、次の戦略フェーズのところに進む際の判断基準を意識をしないといけません。このコンセプト部分が書けているか、競争戦略に進んで良いか、その基準はシンプルです。**「課題と手法と価値を見たときに、競合サービスを固有名詞で書ける状態まで定まっている」**ことです。

競合サービスがイメージできなかったり、似て非なる競合が複数出てしまう場合は、課題と価値の解像度・確度にあいまいさを残してしまっている状態にあります。

解像度に関してはマクロ⇕ミクロが、前述の定義どおりに書かれているか、をチェックしてください。確度に関しては、唯一無二の競合代替品を置ける状態になり、客観的な定義がなされている状態を作れるまでコンセプトを練ってください。

具体的な競合サービスイメージして次の議論を進めることができると、戦略の議論がより具体的かつユニークなものになり、力強いサービスがデザインしやすくなります。

競争戦略のデザイン

コンセプト部分の主語は顧客でしたが、「競争戦略」のプロセスでは「サービス提供者」が主語となります。

戦略コンサルで働いていた身からすると、戦略と聞けば「戦略の本質は選択と集中であり、何をしないかを決めることだ」なんてフレーズを想起します。

何をしないかを決めるには、選択の尺度となるシャープな目的が必要です。

ここでの目的は「事業が勝つこと」であり、つまり**「競合に勝って選ばれ、さらに選ばれ続けること」**になります。

つまり、競争戦略のデザインが初期仮説として十分か否かの基準は、次の2つとなります。

- ＢＴＣのどの優位性で勝負するか、が明確であること
- そのための仕組みと持続戦略が描けていて、リソース投下ポイントが明確であること

よりわかりやすいゴール設定としては、今回のサービスをもとに事業部を作った際の主要メンバーの要件が決まっていることです。

まずは、図表17のように、バリューデザイン・シンタックスの競争戦略に沿って、競争優位性の部分から議論を開始しましょう。

競争優位性の仮説を考察するうえでは、「競合サービス」と比較してなぜこのサービスが選ばれるのか、つまり「選ばれる理由」が大事です。しかしさらに重要なのは、「選ばれ続ける理由」です。

現代では、競争環境のグローバル化や産業を横断した競合出現が頻繁にあり、市場でシェアを築けてもすぐに競合サービスにスイッチされてしまう時代です。選ばれる理由を明確にし、さらに選ばれ続けるために何を用意するか、という戦略思考を研ぎ澄ます必要があるのです。

そして、その競争優位性の仮説を定めたあとには、「選ばれる理由」「選ばれ続ける理由」を構築・持続させるためのイネーブラ（支援役）として仕組みと持続戦略をデザインすることが求められます。

仕組みとは、競争優位性のために「ＫＳＦ（主要成功要因）となる仕組み」が必要となり、それは「特定の自社リソース」と「特定のパートナーリソース」によって実現可能であり、それらを顧客に対しては、「特定の提供手段」を通じて伝え届けるというマーケティング活動の大枠ま

［図表17］競争戦略のデザイン

競争戦略		
競争優位性	仕組み	持続戦略
	競争優位性のために	事業継続により
競合サービス	**主要成功要因となる仕組み**	**知的財産**（知識/データ/顧客基盤）
に対して	を	が蓄積し
選ばれる理由	**自社リソース**	**さらなる競争優位性**
と	と	が強化されることで事業の持続性が高まる。
選ばれ続ける理由	**パートナーリソース**	
で競争優位性を作る。	により実現し	
	提供手段	
	を通じて届ける。	VALUE DESIGN SYNTAX Stage2 : Competitive Strategy

でを含むものとしています。

そして持続戦略は、事業を続けている中で得られる「知的資産が蓄積」した結果、「さらなる競争優位性」が強化されるため、事業の持続性が見込めるという構成要素になっています。

これらの全体感をもって戦略デザインが成されて初めて**「競合に勝ち、選ばれ続けること」**が実現できるのです。

ＢＴＣのどれがフックとロックになるか

優位性部分で最も大事なことは**「ＢＴＣのどの強みに立脚してフックとロックを創るか」**という観点です。フックとは「選ばれる理由」であり、ロックとは「選ばれ続ける理由」になります。

まず大事な認識は、どんなに真新しいサービス／プロダクトでも競合は存在するということです。

なぜならば、最終的にその価値を受け取る顧客起点に立てば、可処分所得と可処分時間は一定であり、そのサービス／プロダクトが埋める領域には事前に何かが存在するからです。

ここで言う競合とは、わかりやすく同質なサービスを行っている相手かもしれませんし、まったく違うサービスのこともあります。

すこし古い例ですが、トヨタ社長の「車でドライブする行為の競合はホンダでもテスラでもなくゲームだ」という指摘がわかりやすいです。車で移動することのみが価値ではなく、ドライブする楽しみも価値ととらえれば、現在のゲームの臨場感は車の臨場感を凌駕しかねないものです。

この観点でサービスコンセプトの仮説を振り返ってみると、課題・価値の定義を考えつくすことで、ゲームを競合として見たうえで「自動車が持つべき価値をどう革新していくべきか」を意識した仮説が検討できると思います。

では実際に、フックとロックについて考えていきましょう。

競合に対してのフック「選ばれる理由」である競争優位性がどんなものがあるかは、ある程度わかりやすい答えはすぐに見えてくるでしょう。図表18のように、事業起点、技術起点、顧客起点のどこか、もしくは複数箇所に競争優位性があるはずです。

［ 図表18 ］ どの強みに立脚してフックとロックを創るか

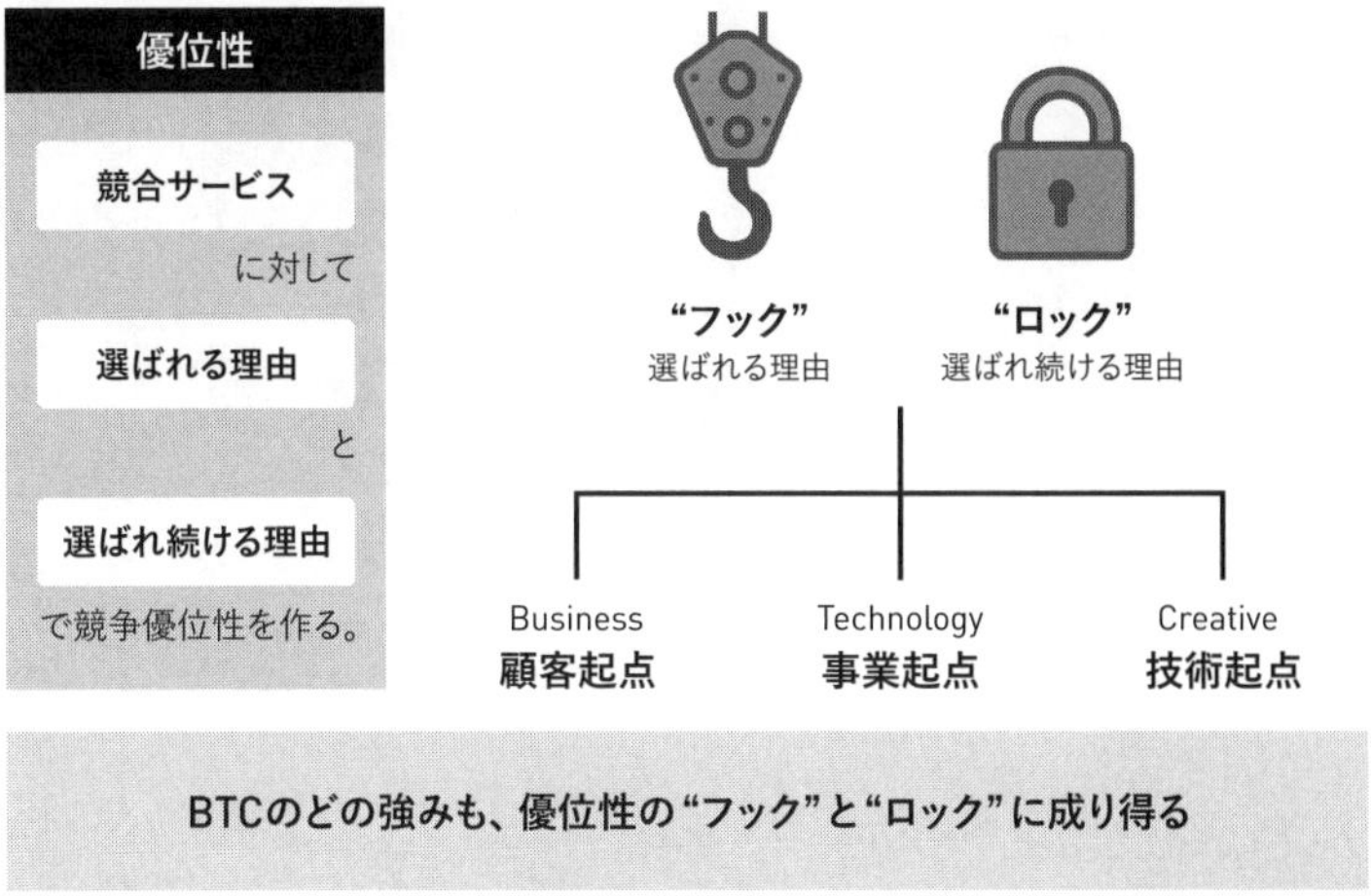
優位性
競合サービス
に対して
選ばれる理由
と
選ばれ続ける理由
で競争優位性を作る。
“フック”
選ばれる理由
“ロック”
選ばれ続ける理由
Business
顧客起点
Technology
事業起点
Creative
技術起点
BTCのどの強みも、優位性の“フック”と“ロック”に成り得る

ただ実は、顧客など外部からわかりやすい点が、必ずしもフックであるかというと、そう短絡的でもありません。

例えば、Creativeによる体験価値の秀逸さが競争優位性だと感じられるチームラボの「デジタルアート ミュージアム」のようなサービスは、顧客の体験価値が目立って見えています。しかしながら、あの規模のデジタルプロダクトをストレスなく楽しめるのは、システムのインフラを支えているTech人材の技術力がすごく、単純なUI／UXだけでなく、テック部分の実現可能性を支える技術人材の組織が競争優位性だと語る事情通もいます。

実は勝っている事業の競争優位性が、競合にもバレておらず、何が凄いのか不思議に思われているというのはよくあることです。

0→1を創る世界では、できるだけ最小価値のプロダクトを創るところから始まりますので、BTCのどこに立脚してフックをかけるか、顧客をつかまえるために集中的にリソース配分をするかが戦略の分水嶺になります。

顧客と競合どちらから競争優位性を考えるか

フックとロックを導き出すためには、**「顧客から考える方法」**と**「競合との比較から考える方法」**が存在し、その両方で同じ答えが導出されると強い優位性を持つことが約束されます。

まず「顧客から考える方法」について、フックとロックをクリアに見分けるための観点をお伝えします。

顧客の動機（モチベーション）と聞くと、有名なマズローの欲求5段階説のことを思い出す人も多いかもしれませんが、これらが人事・組織領域などで研究が進んでおり、いろいろな動機の分解をしたものが生み出されています。

なかでも顧客のフックとロックを考えるうえでは、アメリカの心理学者デシの他、多くの心理学者の研究を通じて指摘されている、次の区分がわかりやすいでしょう。

■外発的動機づけ：報酬・懲罰・金銭・賞賛・競争
わかりやすい懲罰や報酬など、外部環境とのやり取りでおこる動機づけ
■内発的動機づけ：好奇心・問題解決・挑戦・自己承認・所属意識
新しいことへの挑戦など、個人の内にある満足や欲求につながる動機づけ

まずフックは、内発的動機づけを意識しつつも、タイミングに応じて上手に外発的動機づけを利用すると、強力に機能します。

例えば、教育領域のことで考えてみると、受験や資格試験などは、競争による危機感や報酬などの外発的動機が設定されて始める人が多いでしょう。

一方で、特にBtoCではロックに外発的動機は向いていないことが多いものです。例えば、競争や金銭などの外発的動機づけで始まるものは、その圧力がなくなった瞬間に効力を失うことが多く、簡単にロックが外れてしまうことが多いためです。

このようにサービスと顧客の関係について時間軸の意識を持って、どのタイプの動機づけをフック／ロックにしていくかを考えていくことが有効です。

次に、フックとロックを「競合との比較から考える方法」を見てみましょう。多くのＫＢＦ※

※ＫＢＦ（キー・バイイング・ファクター）：製品の価格、デザイン、口コミなどのうち、顧客にとって購買の決め手になっている要素のこと

［図表19］グランピングの戦略キャンバス

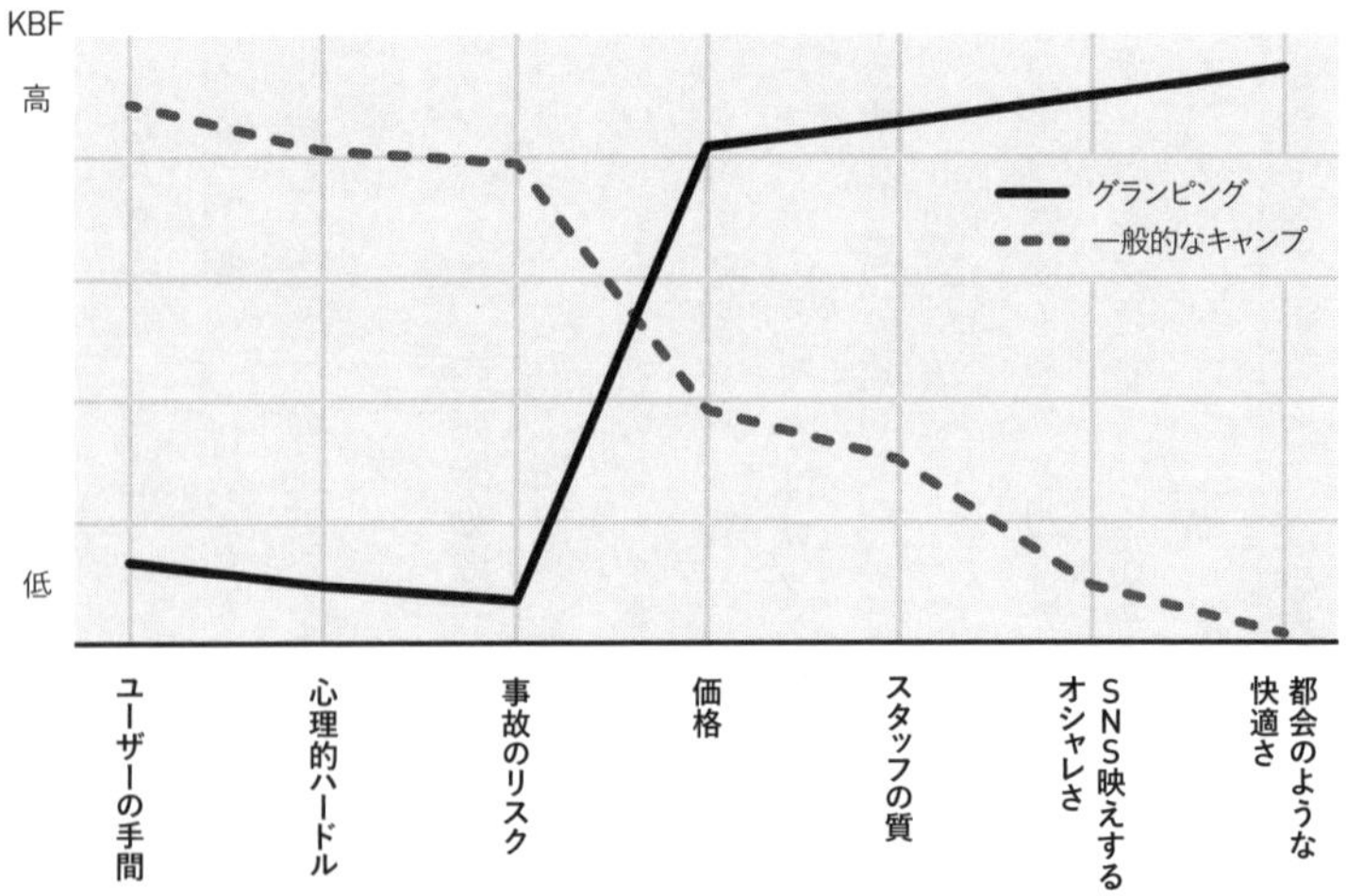

の比較から判断する必要があるため、「戦略キャンバス」が有効なことが多いです。

戦略キャンバスとは、ブルー・オーシャン戦略の主要な分析ツールで、KBFを並べて競合サービスと比較していきます。

横軸は既存サービスが注力しているKBFを左から並べ、新サービスが着眼しているKBFを右に並べることが多いです。また縦軸はざっくり5段階程度で優劣を比較しますが厳密なグラフではなく、競合サービスと比較してどこに優位性を置くかというポジショニングを考察するためのツールです。

具体例として、図表19で通常のキャンプとグランピングの比較を書きました。

競合サービスに比べて、ユーザーの手間や心理的ハードルなどを極限まで下げている点がフックとなり、実際に体験した際の快適さやインスタ映えする見た目などがロックをかけることに成功しているのではないでしょうか。

戦略キャンバスを使う際のポイントは、横軸に挙げるKBFに偏りがないか、という視点です。適度な網羅性をもって議論すべき箇所なので、QCD※などの観点で大きな抜け漏れがないか、を判断するとともに競合サービスの名前で利用者の声をSNSなどで調べ、フックとロックになっていそうな要因をざっと確認して網羅感を担保すると良いでしょう。

フックとロックを実現する仕組みとは

例えばチームのコミュニケーションと作業を集約できるチャットツールSlackについて、競争戦略を考えてみます。

UI／UXにおける優位性が主であると仮定した場合、仕組みは、図表20のように書けます。まず他チャットツールの中でも、マイクロソフトのTeamsを使うような大企業よりは、グーグルのHangoutを使うような企業が対象となる想定で、Google Chatを競合設定しました。

※QCD：品質（Quality）、コスト（Cost）、納期（Delivery）のこと。特に製造業の生産管理において、高品質のものを、いかにコストをかけず、短い期間で開発できるかを重要視する

Google Chatに対して、カジュアルにビジネスコミュニケーションを行うという新しい価値提案をするため、圧倒的な利便性や世界観を示すUIを提供することで、私も「フック」をかけられた1人だと思っています。そのうえで、UIの使い心地で他に乗り換えられないようにUXをアップデートし続けるとともに、メッセージやデータファイルが蓄積され続けることで、さらに「ロック」を強くしていくように作用しています。

仕組み側を考えていきますが、この「フック」と「ロック」を実現するために、圧倒的に使いやすいUI／UXに注力するためのクリエイティブ組織作りに力を入れているようです。

スターバックスや平安《ピンアン》保険のような体験価値において唯一無二のブランドを創り上げている会社でも、Creative人材の責任者をビジネス（事業収支）の責任者と同じレベルの権限や拒否権を持たせることで、クリエイティブの力を最大限引き出す仕組みにしています。

Slackの Creative起点の競争戦略を考察してみると仕組みもそれに準じていることがわかるように、競争優位性の重心に応じて、仕組みは決まっていきます。

パートナーリソースの項目は、外部提携先のリソースを取り入れるべき活動を示します。市場環境・競争環境を踏まえ、知財のオープン・クローズ戦略に基づいて決定します。

今回で言うとSlackサービスそのもののUI／UXは、自社で作る形だと思われますが、例えばGoogle各種サービスなど、多くの外部サービスとの連携を容易にすることで、仕事上のコ

［図表20］競争戦略のデザイン：Slackの例

競争優位性	仕組み	持続戦略
Google Chat に対して 圧倒的な利便性の実現と、カジュアルなビジネスコミュニケーションの提案 と コミュニケーションインフラとしての浸透と、UIへの適応によるスイッチングコストの高まり で競争優位性を作る。	競争優位性のために 圧倒的にシンプルで使いやすいを実現するUI/UX が鍵を握るが、 UIデザイナーに特化した組織 と 多数の外部サービスとの連携 により実現し 感度の高いユーザーからのバイラルと無料版用意など、すぐに試して価値を感じられるサービス設計 を通じて届ける。	事業継続により メッセージデータとファイルデータ が蓄積し 後から検索したいデータのストック が強化されることで事業の持続性が高まる。

ミュニケーション全般のＵＸを高めていく仕組みを持っていることがSlackのさらなる競争力につながっています。

実際、この本の原稿もGoogle Docsでやっていますが、編集者が加筆修正すると、Slackを通じてリアルタイムにその情報が届く形になっており、スムーズに連携することができています。

次に、「提供手段」とは、顧客への届け方やその広げ方のことです。

サービスを受ける本人（需要者）と購買の意思決定者が異なる可能性が高いBtoBなどでは、その購買の意思決定者を意識した設定が大事になります。

Slackの場合は、情報システム部などの購買決定が多いと思われるので、一般的な法人代理店営業などへのインセンティブ設計が大事なのだとは思いますが、それ以上に実際に使う一般社員からのバイラル力も十分に力を発揮しているようです。

実際に、SlackやZoomなどの提供手段は、PLG※という市場開拓戦略と称されます。利用者から招待されると無料版をすぐに利用でき、UI／UXに慣れ親しんできたころに、履歴の保存やセキュリティ強化のために有料版導入を検討する、という流れが設計されており、プロダクト自身が勝手にバイラルを通じて届き、顧客獲得をしていく性質の戦略なのです。

このPLG戦略など、一般的なチャネル以外を活用する強力な提供手段が日々開発されています。「顧客や購買意思決定者が価値を感じる状況を、低コストで拡大スピードが上がる形で作る」ための提供手段の考察は、サービスの成功までのスピードを大きく変える箇所ですので、多くのベンチマークなどを調査しながら最適解を探してください。

資産の蓄積による持続戦略

Slackもそうですが、いま世界で受け入れられているサービスは、世界で同時にたくさんの人が思いつき、同時に開発着手されているものです。2015年ころ、シリコンバレーを中心に「ビジネスチャット」が注目のトレンドになったときには、あらゆる企業が毎週のように参入して、100近いサービスが生まれ競争が繰り広げられました。Googleも検索エンジンとしては、米国で12番目の後発サービスでした。日本でもフリマアプリのメルカリの前にはフリルというサービスがありました。最初にサービスが成功しても、すぐにリバースエンジニアリングされて後発サービスに追いつかれる時代でもあります。

そこで競争戦略だけでなく、「選ばれ続ける」ための持続戦略が重要になってきます。

ここで蓄積するものは「知的資産」、つまり企業が保有している「人材や人脈、ノウハウ、技術、伝統など財務諸表には表れにくい資産のこと」を指します。

人的資産：想像力、ノウハウ、経験、学習能力、モチベーションなど
構造資産：顧客データベース、文化、システム、組織の柔軟性・仕組みなど
関係資産：企業イメージ、顧客ロイヤリティ、取引先との関係、金融機関への交渉力など

※PLG（プロダクト・レッド・グロース）：顧客を獲得して製品利用を促進する一連の役割を、セールスパーソンではなく、製品自身が担う市場開拓戦略のこと。まずは製品に触れてもらいながら、課金してもらうフローを取ることが多い

これらのどの資産を活用し、ロック（選ばれ続ける理由）を強化していくかが、持続戦略のポイントになります。サービスの持続戦略として、競合に対する参入障壁を上げていく可能性をあらかじめ考えておくことです。

例えば、コミュニケーションツールならば「利用の慣れ」「快適な使い心地」「過去データの移行などのスイッチングコスト（移行コスト）」がしっかり持続戦略として考えられているかがポイントになります。

VCの投資判断の際に必ず聞かれるのは、「このサービスは需要があると思うが、すぐに競合に追いつかれないか？　どうやったら勝ち続けられるか？」という点です。

0→1フェーズの時点で、持続戦略に時間をかけすぎてスピードを失うのは問題ですが、上の質問に答えられないと事業を伸ばすための資金調達すらおぼつかないのも確かです。

持続戦略を描くうえでは、次のようなサービスの性質を考える必要があります。

①とにかくスピードが大事な、先行者優位のサービス
②一定規模に到達できると急激に参入障壁ができるサービス

一般的に①の観点で、迅速に顧客に届けるのが大事です。

逆にペイメントサービスのような「利用者が多ければ多いほど利便性が増すサービス」に関しては②の観点が強く効いてきます。これは、ネットワーク効果（ネットワーク外部性）と呼ばれ「製品やサービスの利用者が増えるほど、その製品やサービスのインフラとしての価値が高まること」を指します。

どの程度の規模まで成長すると規模の力によるロックがかかるか、に目途が立てられていると、その規模に育てるまでには、赤字でも無理やり顧客獲得に振り切る、などの投資戦略が有効となる可能性があり、また違った持続戦略への道筋が見えてくるはずです。

利益構造のデザイン

「収益性なんてやってみないとわからない」

このような発言のもと、新規事業を進めている案件もよく見ます。

しかしこの発言は、全リスクを背負って自分が信じたのだから突っ走る、と判断できる「投資家 兼 事業家」でなければできないものですし、本書で提示している「0→1だけでなく、1→10の確率をあげる」ためには、収益性について可能な範囲での考察は必須になります。もちろん、10→100の可能性を感じないサービスには、投資家も経営者も投資をしたくなりません。

起業家であれば、事業計画を立てないと、VC投資も銀行融資も受けられるものではありません。せっかくプロダクトを創って価値検証できたのに、進めてみたら「コスト構造上、ほとんど利益が出ないサービス」だと気づくという事象は、かなり頻発します。

必要以上に時間をかけるところではありませんが、この虚しさを味わう可能性があるくらいなら、数日程度でできる利益構造の考察はやはり行っておくべきです。

利益構造のデザインのゴールは、事業計画書とともに「単月黒字／リクープまでの損益のロ

［図表21］利益構造のデザイン

VALUE DESIGN SYNTAX Stage3：Profit Structure

利益構造	例：NewsPicks法人会員事業の利益構造
収支モデル	収支モデル
顧客が感じる	顧客が感じる
課金対象となる価値	自社社員に、もっと広い視点を持ってもらいたい価値
に対しての	に対しての
課金モデル（買い切り/手数料/サブスク等）	法人有料会員
による収入があり	による収入があり
コスト（変動費/固定費）	コンテンツ製作費・サービス運営費・マーケ費用・販促費
が主支出となり	が主支出となり
単月黒字/リクープまでの期間	○年で単黒、□年後にリクープ。既存事業還元が入れば、初年度から単黒
までの資金繰りの算段がついている。	までの資金繰りの算段がついている。

ードマップと意思決定のマイルストーンがはっきりしている状態」です。

イメージが湧きやすいように、具体例として図表21にこの本の出版元でもあるNewsPicksの法人会員事業についても、想像で書いてみました。

法人会員が増えることで、一部個人会員が減る部分はあるかもしれませんが、NewsPicksのサービスはコンテンツ作りやプラットフォームの運営費などの固定費が大きい事業だと思われるので、全体の顧客数が増えることで固定費の割合が圧縮され、全社的な収益につながりやすいものだと考えます。

事業計画を見つつ既存事業への還元効果を作ることで早期の収益性を担保しつつ拡張性を持つ、という良い事例に見えます。

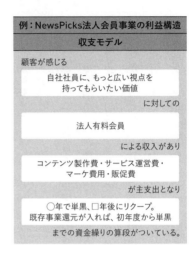

では、利益構造デザインの内容に入っていきます。

利益を考える主語は、会社もしくは投資家になります。会社や投資家にとっては、いま私たちが仮説立てしているサービスは、数多くある事業のうちの1つでしかありません。ですので、他事業よりもこの新規事業に注力するべき理由を主張できないといけません。

仮に初期コストは大きくなくても、事業の成長如何によって、大きな投資を判断しリスクを背負う可能性があるので、**許容できるリスクの中でどう意思決定していけるのか**、という事業のロードマップが必要になります。

「他事業よりもやるべきだし、許容できるリスク内で進められる」と主張するためには、次の2つの時間軸に分けて考える必要があります。

①軌道に乗ったあとの利益構造の確認

・顧客が納得して払い続けてくれる価格か？

・継続的に利益がでるコスト構造か？

②軌道に乗るまでのリスク許容可否

・単月黒字／リクープ※タイミングはいつか？

・最大累積損失額はいくらか？

・大きな投資を判断するタイミングとその判断基準は何か？

まず「①軌道に乗ったあとの利益構造の確認」から順に考えていきます。

①軌道に乗ったあとの利益構造の確認

事業が軌道に乗り、うまく回るためには**「顧客が納得感を持って対価を払う状況」**の成立が大前提となります。逆に会社サイドから見ると**「課金対象となる価値に対して、価格が正しく設定された状況」**である必要があるわけです。

「値決めは経営」などと言われ、どんなに大きな会社になっても価格決定は経営者が最終判断している会社は多くあります。

価格は、サービスのすべてを積み上げていく企業活動の集大成であるため、価格設定がおかしいと会社の収益にならず、利益を次の投資に回せない分、中長期的には顧客のためにもならないもので、経営そのものが問われる意思決定なのです。

顧客の納得感を得続けるためには「価値に対する価格設定」に明解な仮説が重要であり、次

※リクープ：損失などを取り戻すこと。費用を回収すること

の3つの視点で考えられます。

原価志向型プライシング：コストを積み上げて利益を乗せて設定する価格
需要志向型プライシング：顧客価値に合わせて設定する価格
競争志向型プライシング：競合に価格優位を取れるように設定する価格

これらの3つの視点で見た際にシンタックスの「課金対象となる価値」に対して見合った「課金モデル」と「コスト」を設定することが重要となるのです。

コストリーダーシップ※を取るための戦略が背景にあれば、競争優位な価格を設定でき、その利益構造は持続性が高いでしょう。

また、競合に対してブランド価値などの無形価値での勝ちパターンが見いだせていれば需要志向型プライシングでさらなる収益性が見込めます。その点は、競争戦略部分のシンタックスと連動をさせつつ、収益性を担保する仕組みを作っていけると強力な事業戦略を作れる可能性が上がります。

会社としての意志を込めた価格が本当に顧客に受け入れられるのかを調べるには、**PSM分析**※というものがあります。

ある製品やサービスについて、以下4つの質問をすることで、「上限価格」「妥協価格」「理想価格」「下限価格」を導き出す分析手法のことです。

質問1．いくらから高いと感じ始めるか？
質問2．いくらから安いと感じ始めるか？
質問3．いくらから高すぎて買えないと感じ始めるか？
質問4．いくらから安すぎて品質に問題があるのではないかと感じ始めるか？

この4つの質問をユーザーセグメントに合致する数百人以上の人にアンケート調査を行い、下限・理想・妥協・上限の価格を導き出します。

下限・上限の価格はその名のとおり。妥協価格とは消費者が製品やサービスについて、この価格なら仕方ないという価格を表し、理想価格とは消費者が安すぎず、高すぎずという感覚になる価格で、消費者に最も望まれる価格を表します。初期価格をいくらにして、それ以降の価格をどう推移させるか、を論理的に決めていく手段として重宝されています。

※コストリーダーシップ：業界でもっとも低い価格で商品・サービスを提供することによる競争優位性のこと
※ＰＳＭ分析（プライス・センシティビティ・メジャーメント分析）：特定の質問を通して、ユーザーが許容できる商品やサービスの適正価格を調べる分析手法のこと

上限価格〜妥協価格でブランドを作っていくのか、理想価格〜下限価格を設定し市場シェア獲得を急ぐのかは、中長期の戦略をもとにした決定がなされるべき領域です。

しかしこの点に関しては、ソフトウェアやデジタルプロダクトでは特に、言葉で定義された価値によるアンケート回答と実際のサービス利用時の意思決定のギャップは大きくなりやすいので、判断材料の1つとして使う程度のとらえ方で臨んでください。

顧客に許容される価格を想定できたら、次はその価格で提供した際に利益を生み出せる収益構造にできているのか、を見ていく必要が出てきます。「1つの商品を顧客に届けるまでにかかるコストが見合うのか」という観点から見ていく必要がありますので、変動費と固定費という会計の基本概念を理解するところから議論が始まります。

変動費：売上（生産量・販売量）に比例して増減する経費のこと

＝販売数1つあたりに生じる経費

例：原価・材料費・販売手数料・消耗品費……

固定費：生産量や販売量の増減にかかわらず一定かかる経費のこと

＝販売数が増えても増減しない経費

例：地代家賃・水道光熱費・減価償却費……

この例を見る際に気にしなければならないのは、サービスの性質によって変動費・固定費には中身に違いがでることです。例えば、少し昔まで、サーバー費用は会社が設備として持つことが普通だったため固定費でしたが、最近は利用量に応じた課金形態で費用が発生することもあるため、変動費扱いになったりします。

売上から変動費を引いたものを限界利益と言い、限界利益が出ることの確認とともに、それがどの程度の売上規模になってくると固定費もまかなって、黒字を生み出す損益分岐点を超えるのかを把握する必要があります。

軌道に乗ってからの収益性確認は、ここまでを証明することをスコープとします。

また、価格設定のあり方に関しては、シンタックスを埋めるうえでも触れておかざるを得ない大きな潮流があります。ソフトウェアサービスは特に、SaaSに代表される「モノ売りからサービス売りへのシフト」。つまり売り切り型ではなく、月額課金などの継続的な売り方へのシフトのことです。

顧客側からは初期導入コストが下がり、導入しやすいメリットがあるため、競争優位になりやすい傾向にあります。

顧客になってからサービスを離れるまでの全売上であるLTV（顧客生涯価値）は、月ごとの顧客脱落率から逆算して予想がたちますし、CAC（顧客獲得単価）が見えてくれば「いくらのCACで、いくらのLTVを獲得できるか」の算段がしやすいビジネスモデルであるため、リスクとリターンを確度高く見積もれる形でマーケティング投資の運用ができるメリットがあります。

SaaSなどのビジネスでは、確実に顧客獲得にかかるコスト（CAC）よりも、その顧客から大きな売上（LTV）が返ってくる可能性が高いのであれば、プロダクト開発の意思決定はしやすいものです。この観点で収支モデルを考えるべきサービス領域が広いことは確かです。

会計の基本やSaaSのビジネスモデルについてのノウハウは、ネットでも書籍でもたくさんのわかりやすい情報があるので、そちらを参照してもらうとして、ここでは、LTVとCACの計算方法に少しだけ触れておきます。

LTV＝1顧客あたりの平均月単価÷月の解約率
CAC＝顧客獲得にかかるトータルコスト÷新規顧客獲得数

収益モデルを描く時点では、顧客単価は前述の価値に対するPSM分析を含む価格設定の考察が有効ですが、解約率は類似サービスのベンチマークからしか判断できません。

またCACは1人あたりにかかる獲得コストですが、昨今ではいろいろな広告手段があるため、どの方法がCACを低く集客できるか、の見極めが大事になります。

より複雑なことに、流入経路によってLTVの増減が見られることも多くあるので、その点も含めて最も効率的な顧客獲得方法を見いだすことが1→10あたりの主要論点となります。

収益モデルを描く段階ではこのPDCAは回せないので、類似サービスからのベンチマークで語る形になりますが、既存事業での顧客基盤やタッチポイントを活かしたCACの削減効果などが語れる場合は強い優位性にもなります。

SaaSビジネスに関しては、このLTVとCACとともに大事なことは、「自社で獲得できそうな顧客数（SOM）の規模が大きい」と推定できることです。

逆に言えば、LTVとCACの2つを推定できれば投資判断がしやすいのでSaaSベンチャーが活況なのです。

② 軌道に乗るまでのリスク許容の判断基準

①での考察によって、軌道に乗れば儲かることがわかったあとに必要なのが、軌道に乗るまでのリスク許容の判断基準です。そのリスクが許容できるかどうかを判断するために必要なことは、以下の3つになります。

・単月黒字／リクープ達成はいつか？
・最大累積損失額はいくらになるか？
・各フェーズの検証内容とアクセル／ブレーキのマイルストーンはどう置くか？

最終的には、図表22のような売上と営業利益のシミュレーションを出したいのです。

この売上・営業利益をシミュレーションするためには、「サービス開発の主要アクション」と「その結果として生みだされるP／L計画」を含む、事業計画を描く必要があります。

そして、この事業計画は、バリューデザイン・シンタックスを書いてきたことの集大成でもあり、「売上は、サービスコンセプトのユーザーセグメントの規模やサービス提供の拡大スピー

［図表22］事業計画に必要な損益のロードマップ

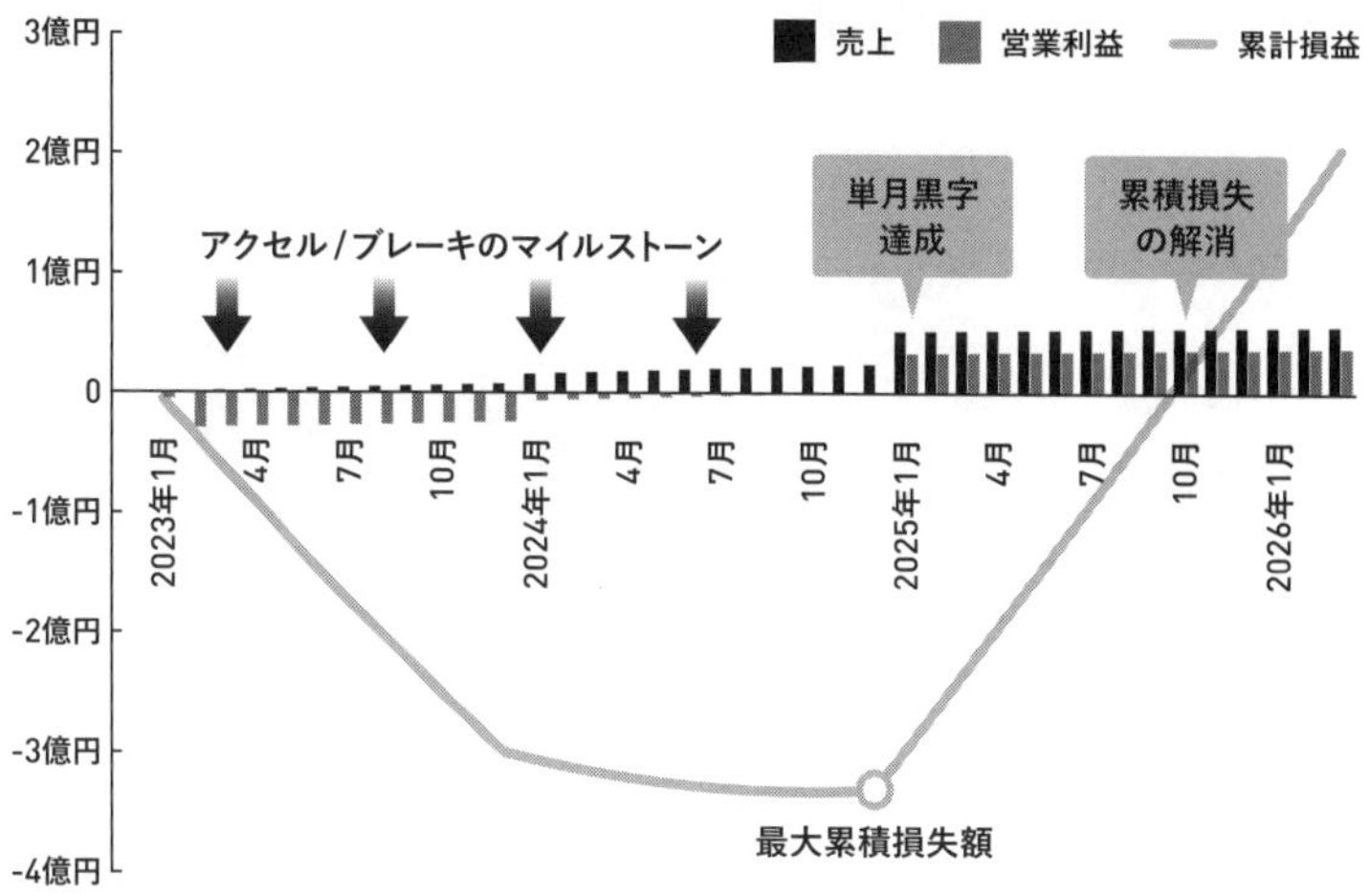

ドの計画」によって表現され、「コストは競争戦略の仕組みやリソース、提供方法などの計画」によって表現されます。

これらは、会社によって求められる精度は異なりますが、意思決定に必要な大きな変数はシンタックスの項目を元に、他サービスのベンチマークなどから導出して、チーム内はもちろん意思決定者と計画を数値で握ることが必要不可欠です。

図表22の「アクセル／ブレーキのマイルストーン」ですが、不確実性の高い新規事業は描いたロードマップのとおり進むわけではありません。

だからこそ目標KPIへの到達度合いから、さらに投資するのか（アクセルを踏むのか）、投資をおさえるのか（ブレーキを踏むのか）を、次期の予算取りなどを含めて、議論と検証を行うマイルストーン（タイミング）を定めて進めることが重要となります。

ＫＰＩとなる顧客獲得数・顧客単価・顧客獲得単価・購買頻度・脱落率などを設定し、「いつまでに何のＫＰＩを満たさなければ撤退・縮小」という条件を置いておくことが大変重要です。収益性の予実を検討するためのロードマップを持たずに始めてしまうと、会社の状況に左右され、「何のために投資しているんだ」「全然結果が出ないのでは遊んでいるだけじゃないか」といった指摘で新規事業が止まったりします。

「単月黒字達成」とは「その月に得た売上がコストを上回り、利益が出る月のこと」です。逆に言うとその月までは赤字であり累積投資は増えていくため、そのタイミングまでに蓄積された損失が最大累積損失になります。ＰＬベースではこの最大累積損失、ＣＦベースではそこに資産計上される分の開発費などを足し合わせた額が、会社や投資家にとって取れるリスクに収まっているか、が論点になります。

そして、単月黒字達成から累積損失額をすべて解消し、「累積損失の解消」であるリクープ達成までにどの程度の時間がかかるかのシミュレーションも必要となります。

このシミュレーションの精度をどこまで求めるかは事業環境によって変わってきます。

例えばＶＣ投資などでは、このリクープ後の数年で生み出される利益を逆算していまの価値に引き戻し、現投資が見合うかまでを判断するのが基本になるなど、この意思決定に必要な情報の精度には幅があります。しかし、どんなエンジェル投資家がいても、単月黒字の時期と累積損失額までは見立てておくほうが良いと思います。わかりやすい目標の数値と時期がないと、事業開発にもアクセルが吹かせないものです。

数字にしすぎるデメリットもありますが、数字は客観性を持ち、誰が見ても解釈の余地が少ない、という点で元々の事業目的に対してぶれずに進むための強力な力を持っています。

損益のロードマップから目を背けすぎないように心がけてください。

KPI構造と成功要因の特定

ここまで、「サービスコンセプト」「競争戦略」のデザインを経たうえで「利益構造」デザインを行って全体像を俯瞰した仮説が描ける状態になっているはずです。

改めて、1、10、100の定義をひきます。

1の定義：「顧客課題への最小価値」を検証できた状態

10の定義：事業が成立し、拡大の見込みが立った状態

100の定義：事業拡大を続けている状態

利益構造の算段が立つと、**重要かつ差別化要因に成り得るＫＰＩを見極め、その成功要因の仮説を立てやすくなります。** 起業家としてＶＣ投資などを受けようと思ったら、このＫＰＩツリーと成功要因とその実現見込みに関して、問答できないと話になりません。

10の定義である「事業が成立し、拡大の見込みが立った状態」とは、ＫＰＩツリーが解明され、ＫＳＦ（主要成功要因）が特定され、その実現見込みが立っていることです。

具体的に考えるため、本書の1章冒頭（P27）で触れたサブスク食べ放題の「焼肉店」のケースについて、図表23のＫＰＩツリーの詳細を考えていきましょう。

このサブスク焼肉事業では、次の4つの段階で成立・持続条件をクリアできるかを定量的に推定してそのＫＳＦと実現見込みを見ていくことになります。

1店舗売上（＝顧客数×ＬＴＶ）は、どの程度見込めるか？
1店舗収支（1店舗売上－1店舗コスト）から、十分な利益を生めるか？
全店舗収支（1店舗収支×店舗数）から、十分な利益総額が見込めるか？
事業収支（全店舗収支－全体コスト）から、どの程度利益を残せるか？

［図表23］KPIツリー詳細版：サブスク食べ放題の「焼肉店」のケース

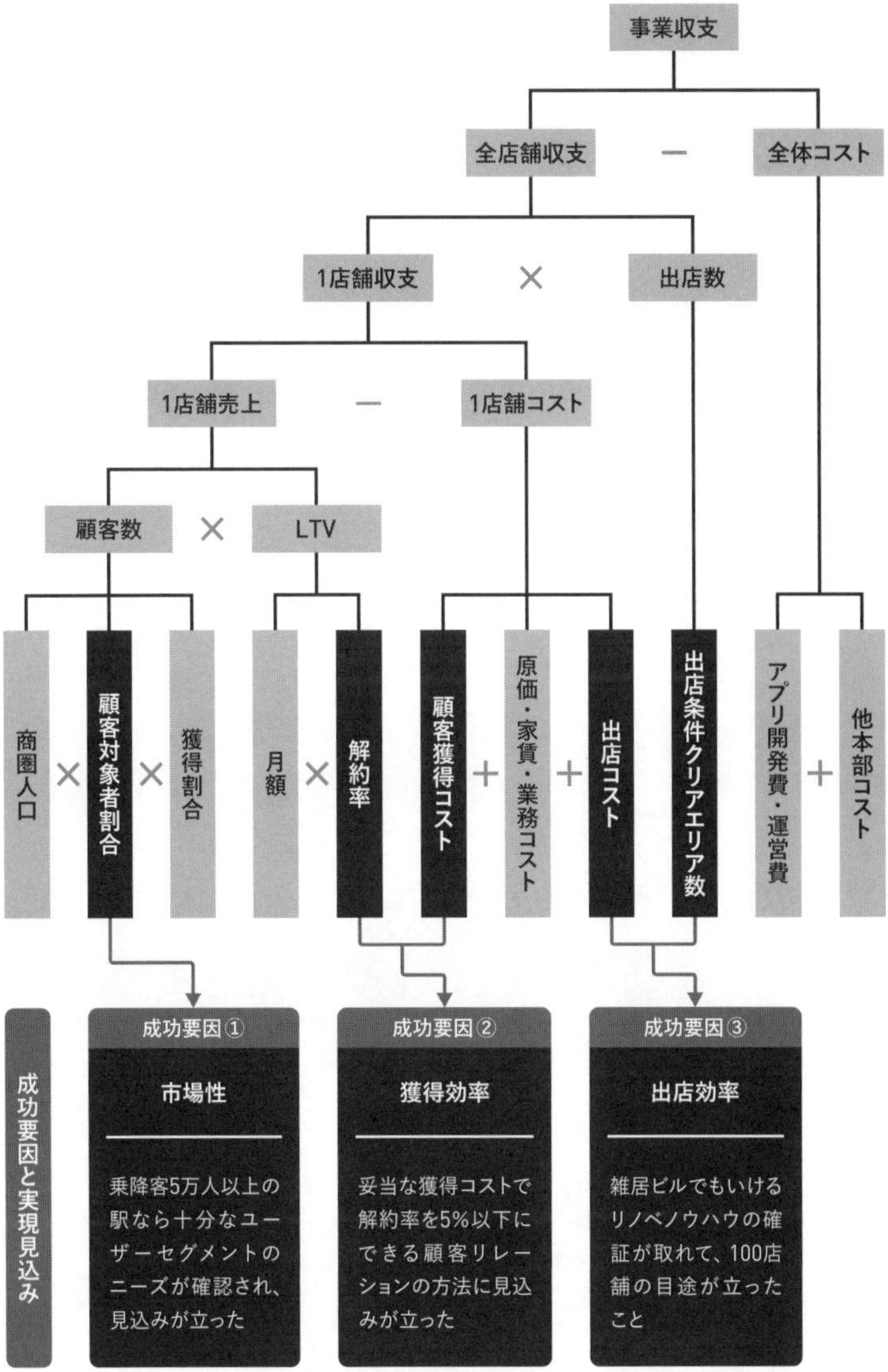

ここでは1店舗あたりの売上や収支については、次の2つの成功要因の見込みが立ってくると確証がかなり高いものになってきます。

■成功要因①市場性

多くの店舗数の見込みが立つ条件として、乗降客5万人以上の駅そばなら十分なユーザーセグメントのニーズが確認されたこと

■成功要因②獲得効率

妥当な獲得コストで、解約率を5%以下にできる顧客リレーションの方法に見込みが立ったこと

さらに店舗事業全体で収支が成り立つかについては、次の成功要因③の見込みが立ってくると事業全体でも単月黒字／リクープの可能性が明確になってきて、確証を持てる事業と言える状態になってきます。

■成功要因③出店効率

雑居ビルでもいけるリノベノウハウの確証が取れて、100店舗の目途が立ったこと

この事業の例では、この3つの**成功要因が特定され、その実現見込みが立つと実証された状態が10の状態**であり、プロダクト開発の状況では、見込みが立つ仮説とその検証方法が明快な状態を目指しましょう。

BTC起点で生まれる独自アイデア

ここまでバリューデザイン・シンタックスに沿って、「サービスコンセプト→競争戦略→利益構造」の順にデザインの進め方をお伝えしました。

新規事業のアイデアは、BTCの誰かから起案されるため、そこには良くも悪くも癖があります。

2章のチーム論においてもBTCのそれぞれで主語が違う思考だとお伝えしましたが、改めてまとめると図表24のように「事業起点で始まるもの、技術起点で始まるもの、顧客起点で始

まるもの」が存在し、アイデアのアプローチも違います。

シンタックスをベースにした考察方法にも、そのＢＴＣの起点ごとに存在する思考の癖を補完するために有効な「独自の考察内容」が存在します。

Bizの事業起点のアイデアは、主に会社の経営力学のなかで生まれることが多く、既存産業の先細りや事業のポートフォリオ上リスクを分散したいといった考えから始まることが多くあります。ＤＸやWeb3など、最近の市場のトレンドを起点に始まりがちです。

事業起点のよくある悩みは、次のようなケースです。

・会社のミッション・ビジョン・バリューを書き、新規事業開発の方針が定まったが、具体的に何も動き出していない
・中期経営計画で方向性だけ定めているけど、具体的な新規事業の内容を詰めていく人すら決まっていない

事業起点のアイデアは、マクロ⇕ミクロの顧客課題・提供価値を具体化していくと道が開きやすいでしょう。

Techの技術起点のアイデアは、主に研究開発部門や投資先のプロダクト以前の要素技術で

［図表24］BTC起点のアプローチの違い

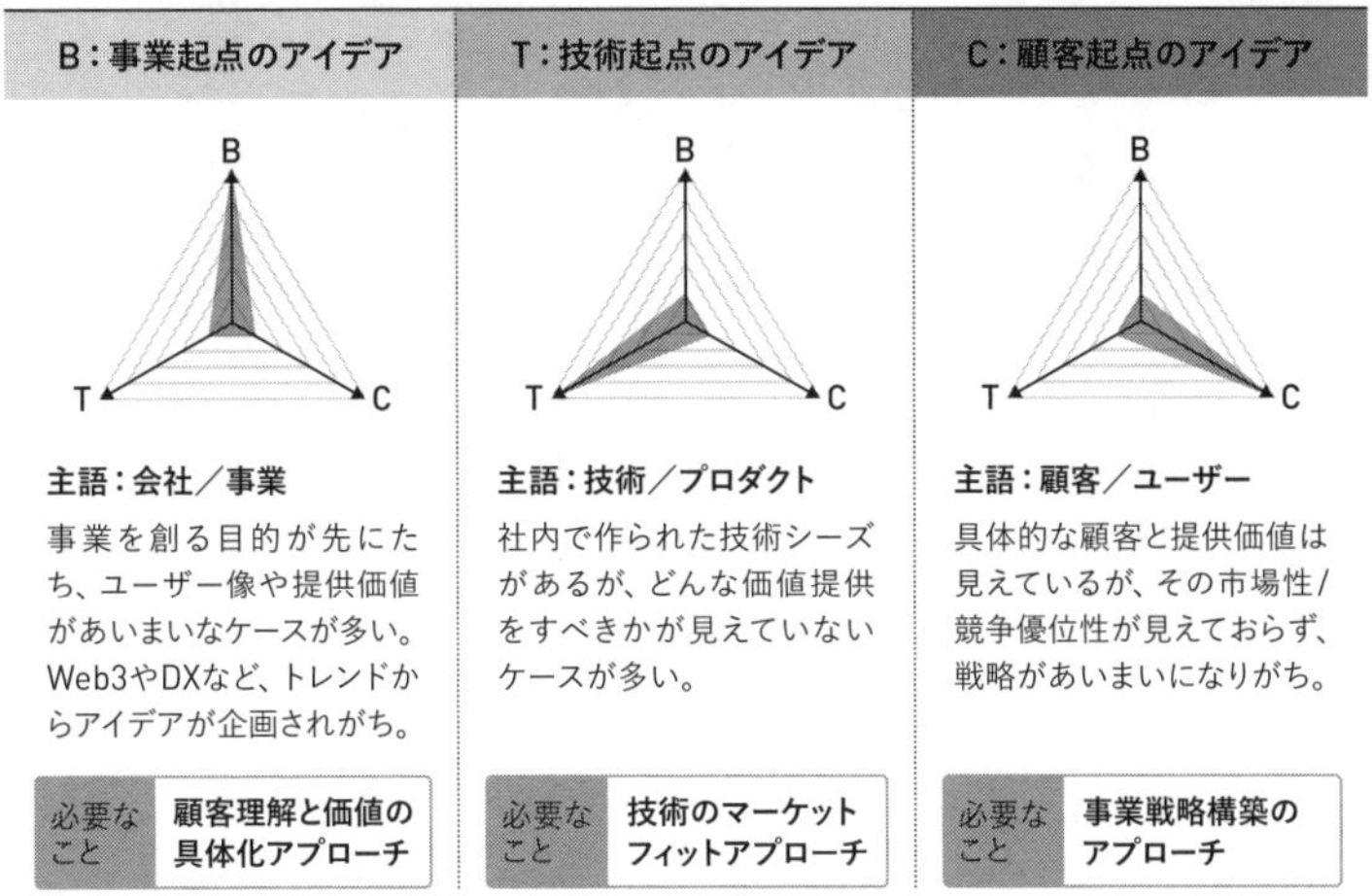

B：事業起点のアイデア	T：技術起点のアイデア	C：顧客起点のアイデア
主語：会社／事業	主語：技術／プロダクト	主語：顧客／ユーザー
事業を創る目的が先にたち、ユーザー像や提供価値があいまいなケースが多い。Web3やDXなど、トレンドからアイデアが企画されがち。	社内で作られた技術シーズがあるが、どんな価値提供をすべきかが見えていないケースが多い。	具体的な顧客と提供価値は見えているが、その市場性／競争優位性が見えておらず、戦略があいまいになりがち。
必要なこと：顧客理解と価値の具体化アプローチ	必要なこと：技術のマーケットフィットアプローチ	必要なこと：事業戦略構築のアプローチ

ある「技術シーズ」を獲得できたり、その目途が立ったところから議論が始まります。

特に大企業や大学機関では、「Tech人材が独立して研究開発していることが多いため、市場や事業のことを想定せずにエッジの効いた技術研究がされていることが多いです。この技術シーズの活用先を考え、マーケットフィットしていくアプローチをとります。

技術起点のよくある悩みは、次のようなケースです。

・強みとなる技術があり、その効果効能は語れるが、顧客への価値は語れず、どんな事業になるかが見えない
・想定できる応用先の市場がこれまでの投資規模に見合わず、妥当性を持っ

て事業開発チームが組める算段が立てられない

技術起点のアイデアは、市場・競合を分析していくことで、技術・リソースの応用先の探索を行っていく形が求められます。

Creativeの顧客起点のアイデアは、自身の原体験や特定の顧客課題に共感し、どんな提供価値が渇望されているのかをイメージするところから始まります。

とても素直な発想から始まり、プロダクトになったら買うと明言してくれる潜在顧客がいたりするので、仮説に没頭してスピーディーに始められることが多いです。

顧客起点のよくある悩みは、次のようなケースです。

・目の前のお客さんと盛り上がって、このアイデアは絶対実現したほうが良いと確信するが、事業全体で考えると本当にやるべきものか見えない

・創ってはみたが、国内市場など限定的にしか刺さらないものとなり、どんなにがんばってもスケールする事業にならないことが、創ったあとにわかった

顧客起点のチームは、確証をとらず、確信だけで突っ走ってしまう傾向があります。

確信ある顧客像をユーザーセグメントとしてうまく括り、十分な市場性がある課題やその提供価値を考えていくことは、素直な方法なので、競争戦略や利益構造をデザインすることが求められます。

Biz起点のサービスデザインの要点

Biz人材による事業起点のサービスデザインの要点をお伝えします。

事業起点でありがちなアイデアは、シンタックスのサービスコンセプトにおいてマクロ部分だけが確度・精度が高く書けている状態です。

口癖として「要するに何をすることなのか」と常に要点をまとめたがるのですが、その分抽象度が高く、確証はあるが確信が持てないサービス仮説になることが多いのです。

具体的に私自身の事例で、典型的な失敗パターンをお伝えしてみます。

ウェアラブルデバイスのJINS MEMEを、基礎研究から4年弱の期間をかけて、やっと量産目途が立ってきました。そのころ、皇居ランナーが最も流行っていたこともあり、次のような想定をしていました。

・JINS MEMEの初期

ユーザーセグメント：1200万人以上いる趣味のランナー
課題：怪我をしやすい、タイムがあがらない、カッコよく走れない
手法：姿勢判定をリアルタイムフィードバックし、常時修正できるサングラス・メガネ
価値：スマートな走り方ができる素敵なランナーになれる

ターゲットも広く、コスト面でも2万円程度の価格で売れる採算が立ちました。

当時流行っていたウォッチ型デバイスFitbitの上位機種と変わらない価格ですし、完全な上位互換なデバイスになれるはずなので、「間違いなくイケる」と思っていました。

さらに顧客の受容性評価をすべくアンケート調査を行ったところ、かなりの割合で「絶対買う」と答える人が存在したので、サングラスを大量発注して意気揚々と販売に向けてアプリ開発を進めていきました。しかし、フタを開けてみれば、まったく売れなかったのです。

これは何が悪かったのでしょう。

結論を先にお伝えすると**「抽象度が高い価値は総論正しいと理性的に判断されるが、具体的**

に各論をつめないと手に取る体験価値にならないことがある」ということです。

「サングラス・メガネをかけると姿勢判定をリアルタイムフィードバックし、常時フォームを修正できる」という言葉だけで「ほしいですか？」と聞かれれば、それはほしいと答える人が多かったのですが、リアルなユーザーが購入して利用するためには、商品を見たり聞いたりして、思わず購入してしまうような具体的な価値にまで踏み込まなければいけなかったのです。

つまりシンタックスのサービスコンセプトのミクロ部分を詰めるプロセスが足りなかったのです。顧客の**「解像度をあげること・手触りを得ること」**による確信を得ることが必要でした。

このタイミングのチームは、「何がわからないかわかっていない」という無知の知の状態にあります。ここに半分間違っている気がしても、具体レベルの仮説を持っていくと「この点は違う気がする」という違和感をしっかり口にできるため、コンセプトが結晶化されていきます。

この抽象と具体の行き来こそが本質的価値をとらえる早道です。

具体の手触りを得るためには、次の3つのアプローチが存在します。

①ペルソナの解像度をあげる
②課題・手法の解像度をあげる
③利用時以外の体験の解像度をあげる

これが圧倒的に得意な異能がCreativeです。顧客課題の領域におけるBiz人材とCreative人材の補完性は目を見張るものがあります。

しかし、Creativeの人材がとらえた具体的な①〜③にすぐに飛びついてはいけません。抽象と具体の行き来こそが最も大事な探索で、そのためにはペルソナや課題の具体化と絵などのプロトタイピングが強力に効果を示します。

そして、それはあくまでもプロトタイピングであることが大事であり、ここで完璧な青写真を書こうとする行為は落とし穴です。大事なことなので2回言いました。

では、3つのアプローチを順にみていきましょう。

① ペルソナの解像度を上げ、手触りを得る

マクロに顧客をとらえるべくユーザーセグメントを見ていくときは、性別・年齢・家族構成・年収レンジなどで分けていくのが基本になりますが、その解像度でセグメントを見るだけでは、〝あるある〟と感じるような手触りがまったく得られないのです。

例えば、次のような具体的な顧客のセグメントがあるとします。

［図表25］ペルソナの解像度を上げる必要性

チャールズ皇太子	**オジー・オズボーン**
イギリス・ロンドン在住	イギリス・ロンドン在住
69歳	69歳
妻と2人の子供有り	妻と2人の子供有り
富裕層（総資産10億円以上）	富裕層（総資産10億円以上）

イギリス・ロンドン在住
69歳 妻と2人の子供有り
富裕層（総資産10億円以上）

しかし図表25を見てみてください。同じセグメントでも、これだけの違いがあるのです。

ペルソナの解像度を上げて、n1と言われる超具体的な1人の人間にとって、「共感できる課題、渇望する価値」が見つけられるか、がプロダクト開発開始前のサービスデザインには非常に大事です。

そのためにも、サービスコンセプトでも語ったとおり、チーム全員でミクロのインタビューをした経験を共有できていること、固有名詞で語れることが大事なのです。

ペルソナの詳細化のやり方やフォーマットな

どは、他にも多く情報があるので、ぜひ参考にしてみてください。

②課題・手法の解像度を上げ、手触りを得る

n1のキャラクターが見えてきたあとには、その人にとっての「課題・手法」の解像度を上げることが必要になります。

手法の具体化がよりわかりやすいので、そちらから説明します。

例えば「壁に穴をあけたい」という課題感に対して、手法は「穴をあけること」だけでなく、実はたくさんの手法が存在します。

図表26のように、その手法の解像度をあげるべく、複数の手法パターンを提示すると、課題も具体化されるものです。

ここで解像度を上げる方法には、次の2つのアプローチがありともに効果的です。

A：課題からペルソナを深く理解しにいく

B：手法からプロトタイプを作ってみる

［図表26］課題・手法の解像度を上げる必要性

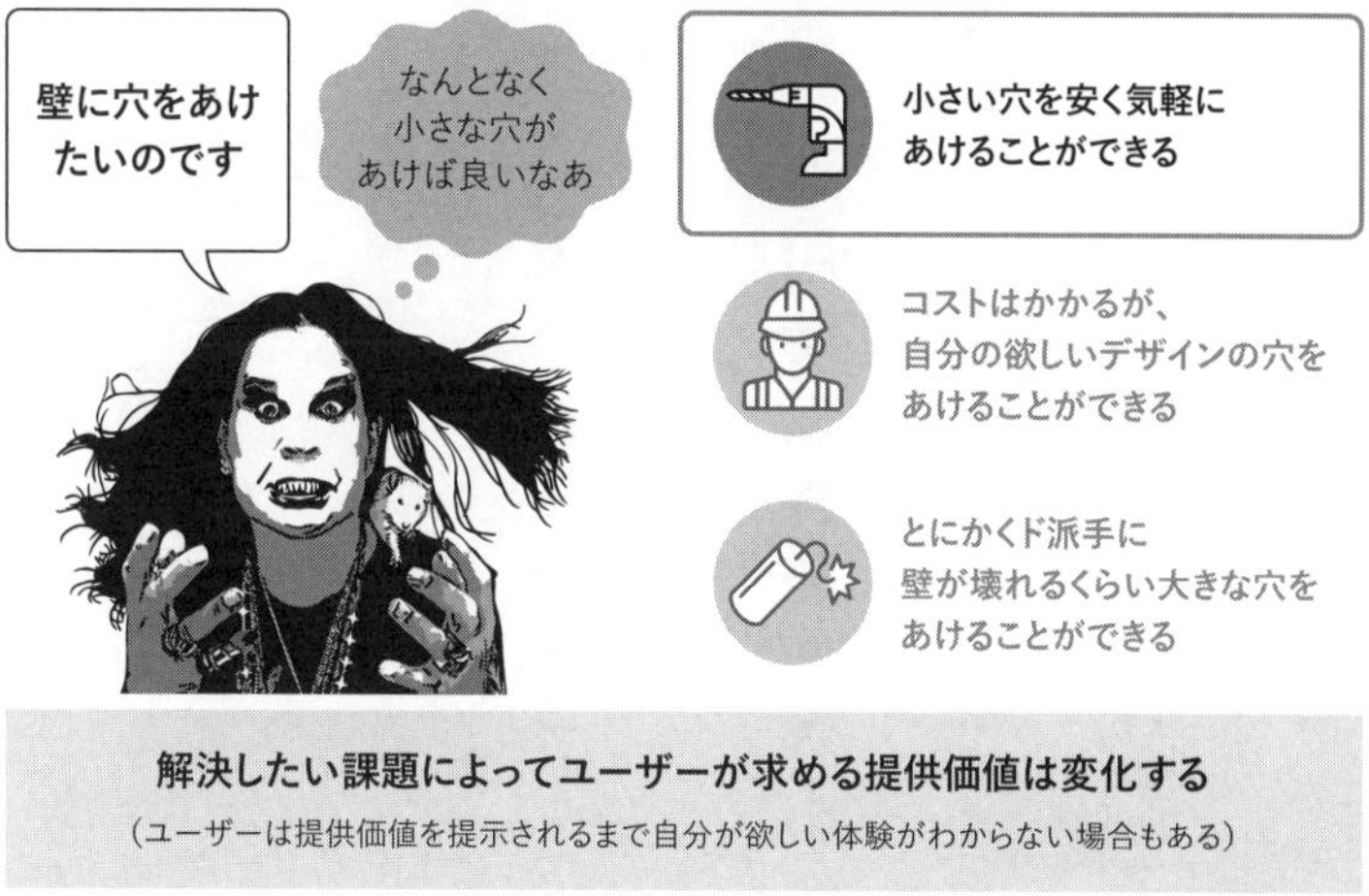
壁に穴をあけたいのです
なんとなく小さな穴があけば良いなあ
小さい穴を安く気軽にあけることができる
コストはかかるが、自分の欲しいデザインの穴をあけることができる
とにかくド派手に壁が壊れるくらい大きな穴をあけることができる
解決したい課題によってユーザーが求める提供価値は変化する
（ユーザーは提供価値を提示されるまで自分が欲しい体験がわからない場合もある）

両側面から考えることが必須ですが、どちらから解像度を上げるかはメリット・デメリットが存在するため、その時々で選択が必要になります。

課題の解像度をあげるには、n1の人を見つけてインタビュー検証を超具体で行っていく必要があります。

手法のプロトタイプを作ってみるから入ると、圧倒的にわかりやすくなるので議論は収束しやすいですが、その分アイデアの飛距離が下がり、想像の範疇のサービスになってしまうのに気をつけなければなりません。

AとBどちらのアプローチもプロトタイピングのプロセスであることを意識しつつ、この期間で5回くらい仮説を壊すぐらいのイメージをチーム全員が持つ必要があります。

特にイメージが湧きづらいAの課題からのアプローチを補足します。

まず①で具体化したペルソナ像にインタビューを繰り返し、共感するポイントを「共感マップ」にまとめるといいでしょう。共感マップはその名のとおり、ペルソナを深く理解するための共感を整理していくツールです。

そこから導き出された現状（AsIs）のユーザーが抱えている課題を深く理解し、それを図表12（P185）のユーザージャーニーマップなどにラフで書いてみて、時系列ごとの行動・感情・価値を分析することで、体験レベルで改善・改良方向を定めて、あるべき（ToBe）ユーザー体験を探っていくと良いでしょう。

③ 利用時以外の体験の解像度を上げ、手触りを得る

顧客体験を考えたとき、重要な考え方が**「体験とは累積である」**ということです。ユーザージャーニーマップでも、サービス利用時のUXだけでなく、サービス体験の手前に予め期待するUXを含めて、全体の体験を議論する必要があります。

そして最近では、利用後のエピソード的UXや累積的UX※などにおける体験価値まで詳細化することで、サービスデザインのユニークネスを探りに行くことが多くなってきました。

最初にJINS MEMEの初期の失敗をお伝えしましたが、現在のJINS MEMEでは、ランニング中だけでなく、ランニングしたデータが残り、振り返る際にも価値を創れるサービスになっているため、他ユーザーとの比較などさらに累積的UXにおける価値を大事にしながら、サービスのブラッシュアップを行い続けています。

Biz人材による事業起点のサービスデザインでは、チームで向き合うべきは、**ユーザー中心設計と呼ばれる「一番大事なのはユーザーが喜ぶことである」という大前提に立ち続けてもろもろの解像度を上げ続けること**です。

特にマクロとミクロを往復しながらサービスコンセプトを作る期間は、BTCのチーム全員でユーザー中心設計を肝に銘じながら解像度を上げることが大事なのです。

このときくらいは、自分がBizやTechだからと線を引かずに、プロトタイプのツールを触って自ら手を動かすなどをするのも有効です。

※累積的UX（cumulative UX）：サービスをしばらく体験したあとに抱く、サービス全体についての見方

Tech起点のサービスデザインの要点

続いてTech人材による技術起点のサービスデザインの要点をお伝えします。

Tech起点のサービスデザインのことを**「技術のマーケットフィット」**とも呼びます。簡単に言えば、技術と市場をつなぐ行為です。

バリューデザイン・シンタックスにおける起点としては、競争戦略における機能・仕組み部分となる技術シーズを踏まえて、そこをトリガーにした「ユーザーセグメントと課題・手法・提供価値」「競合代替品と選ばれる理由／選ばれ続ける理由」において仮説をつくっていく形になります。

しかし、これには最初から落とし穴があります。技術そのものからダイレクトに市場を探すと直球すぎて、機能・性能だけの勝負となり、事業につながりにくいのです。

そこで、思考を広げるためのフレームワークとして、図表27のようなMFT※を利用しました。

※MFT：技術（Techknology）が持つ機能（Function）を活用できる市場（Market）を幅広く検討するフレームワークのこと。技術と市場を直接的に結びつけて考えることは難しいが、間に機能を挟むことでイメージしやすくなる

［図表27］MFTフレームワーク

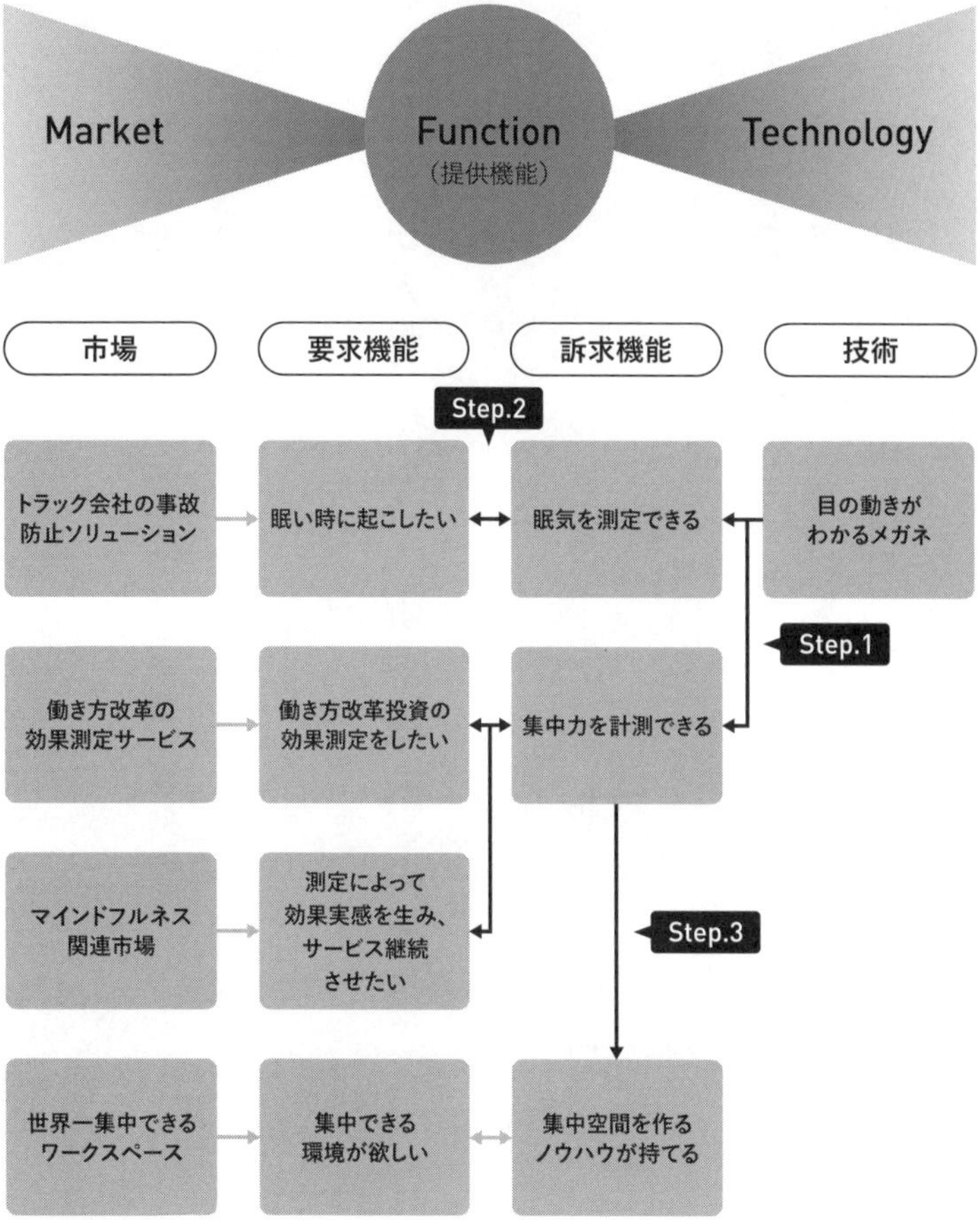

Step.1　訴求機能（〇〇ができる）の仮説をTが出す

Step.2　潜在顧客を探し、その要求機能（〇〇したい）と訴求機能をつなぐ

Step.3　訴求機能を育てていく中で、その派生が生まれることも

提供機能を次の2つに分けて考えていきます。

①訴求機能：技術から〝実現できる〟機能を抽出する
②要求機能：市場から求められる〝ほしい〟機能を抽出する

①Tech人材による「訴求機能」の提案

具体例として、たびたびの登場になりますが、わかりやすいので、私が事業開発をしていたウェアラブルデバイスのJINS MEMEでどのように訴求機能の方向性を探ったかをお伝えします。

JINSでは「目の動きがわかる」という技術を研究していました。

しかしこの機能でそのまま市場を探してしまうと、例えば「小売店でお客さんの視線移動をもとに、商品の置き方を考えるなどのマーケティング施策ソリューション」が考案されるのですが、これだけだとなんとも市場拡大が見込めなくて悩ましいのは伝わると思います。

そこで研究担当であった私と大学の先生とで、眠気や集中力を測定できる可能性の仮説出しと簡単な基礎研究を行いました。

目の動きから眼病の診断をする技術やＰＣマウスを目の動きで代替するコントロール技術など、初期に１００を優に超える〝できること〟を探りつつ、実現性や需要がありそうな眼気や集中に絞っていきました。

この訴求機能の洗い出しは、対象技術を深く知ったうえで、その拡張性を考える必要があります。類似技術の活用事例や学術論文などから活用可能性がある〝できること〟を見いだし、その中で筋が良さそうで、実現可能性が高いものを選んでいくことが求められます。

② Biz人材による要求機能とのつなぎ＋顧客開拓

訴求機能の方向性や幅が見えてから、「要求機能」とのつなぎを見いだしていくフェーズでは、Biz人材の活躍のしどころです。

技術起点で探索した訴求機能をもとに、潜在顧客を洗い出し、有望な潜在顧客の言質も取りつつ市場・顧客の声の形となる「要求機能」を見いだしていきます。

この際に、訴求機能がそのまま価値になるパターンともう少し変化球を探す必要が出てくるパターンがあります。

JINS MEMEの例でいくと、眠気を測定できるとそのまま居眠り運転防止ができます。これは業界の課題でもあるため、トラック運送会社の事故防止ソリューションは想像しやすい話で、このソリューションを作るために車載機器メーカーとのアライアンスが進みました。

一方で、集中力の計測に関しては技術実現性はあるものの、計測できるだけではかなり意識の高い個人しか、お金を払う顧客が見つけづらいことがわかりました。その価値を多くの産業分野の人と議論をしながら、ピボットしていきました。

潜在市場を探る際は、社会や経済のトレンドと掛け合わせることも有効で、このころ（2017年）は、働き方改革・HR Techやマインドフルネスなどが流行の1つでした。働き方改革について、人事界隈で業界課題のヒアリングを重ねることで見えてきたのが「働き方改革そのものは投資がかさむのに効果が見えづらく、アンケート調査で満足度を測るぐらいに落ち着いてしまいそうで、投資を継続すべきか判断がつかない」という状況でした。

このような業界の課題に対して、働き方改革施策のビフォー／アフターで有志の社員にJINS MEMEをかけてもらうことで、施策の効果測定サービスを考案しました。そしてそのサービスは、オフィス改装などの億単位の投資が掛かるソリューションにバンドルして売ることで広げることができました。

さらに効果測定サービスの延長から事業機会を探るなかで、顧客との会話で「効果測定じゃなくて、効果があるって確定した空間を作ってうちに入れてくれないか？」という打診がきて、そのまま空間設計・施工をしたワークスペース事業を提供することになっていきました。

これは訴求機能が「目の動きから、集中力を計測できる」だったところが、「集中空間を作るノウハウが持てる」という訴求機能に派生していった形です。

ここまでを図表27として、ざっくりとＭＦＴに落とし込んであります。

市場と要求機能の洗い出しは、多くの潜在市場へのインタビューやブレストの末に生まれ、多くの事業機会仮説が出る中で、絞り込む工程を必要とします。

このように技術起点の訴求機能すら固定されるものではないので、異能同士で価値を磨き上げて、ピボットしていってみてください。

「燃えないＰＣ」から考える競合の話

強い技術シーズをもとにマーケットフィットしていく際に、抜け落ちやすい視点が競合サービスの設定です。

私の大先輩である、川口盛之助さんのお話の受け売りですが、「燃えないＰＣの話」という例をお伝えします。

ＰＣは燃えたらやばいですよね。そんなクリティカルな課題に対しては、次のような要求機能が想定できます。

①熱を発する半導体の素材そのものを変えて、電気から熱への変換率を減らす
②熱が出ても大丈夫なように、熱伝導性の高い素材の空冷システムをつける
③熱が出てある一定以上の温度になったら、ソフトウェア制御して電源を落とす
④熱が出てＰＣが燃えても良いように、スプリンクラーをオフィスに常備する
⑤熱が出て火事になっても良いように、火災保険に入っておく

課題が「ＰＣが燃えて火事になること」だとすると、①〜⑤は競合に成り得るのです。①は半導体メーカー、②はＰＣの組み立てメーカー、③はソフトウェアエンジニアの領域、④はオフィスの施工業者、⑤は保険会社です。

ＭＦＴをつないで、確かにマーケットが求める要求機能と自分たちの技術シーズが作れる訴求機能が合致したとしても、顧客課題への解決手段は多岐にわたるので、他の手段よりも自社の訴求機能が購買決定要因になるか、つまり顧客への的確な提案となるのか、を熟慮する必要があります。

訴求機能と要求機能の探索を通じて生まれた事業機会に対して、サービスコンセプトにおけるドメイン選択（P194）を行います。市場性・競争優位性・会社の意志に合わせて、チーム内で評価をし、次のプロセスに進めるいくつかの事業機会を選んでいきます。

このプロセスにおいて、常に気にしたほうが良いことは、このアイデア出しと評価までの時間を区切ることです。アイデア出しは無限にできてしまいますが、どんなに考え切ったとしても、もっと良い事業機会が見えたりするので、**一度時間を区切って勇気を持って次に進む**、というプロジェクトマネジメントが大事になってきます。

Creative起点のサービスデザインの要点

最後にCreative人材による顧客起点のサービスデザインの要点をお伝えします。

顧客起点のアイデアは、当事者の原体験か具体的な顧客の要望から始まることが多いため、**必ず1人は買ってくれる価値が見えている**、というのが特徴です。

バリューデザイン・シンタックスにおいては、コンセプトのミクロが埋まっている一方で、木を見て森を見ずのパターンである可能性が高いため「十分な市場規模をとらえているか?」というマクロの観点に向き合う必要があります。

また、競争優位性部分の競合比較の視点が抜ける場合も多く見受けられるため、競合比較も抜かりなく考察すると良いでしょう。

「必ず1人は買ってくれる価値」をマクロ視点に変えていくことは、意外と難しいものです。大雑把にとらえてしまうと、価値が丸まってしまい誰もほしくないつまらないサービスコンセプトになりがちです。

マクロの視点によって、つまらないコンセプトにならないためには、コアとなる価値や選ばれる理由を明確にして、そのコアを軸足としてブラさないことが大事です。

コアに重心を置いて、大きなユーザーセグメントを探索する2つのアプローチをお伝えします。

①なぜ買うに至るのか、のメカニズムを知るアプローチ
②競合比較から具体的なユニークポイントを抽出し探索するアプローチ

①　購買のメカニズムを知るアプローチ

ユーザーセグメントを広げていくには、n1顧客をなんらかの観点で抽象化する必要があります。それは、5W1Hそれぞれの観点で考察することはできますが、実用性が高いWhyの観点をお伝えします。

Whyの観点では、「なぜ買うに至るか?」を深く知り、買うに至るメカニズムをとらえることです。このメカニズムをとらえるためには、顧客や主要ステークホルダーの購買の意思決定の前提となるKPIツリーを把握することが重要になります。

このメカニズムでとらえられないと、同じメカニズムが発生する潜在ユーザーセグメントを探すことはできません。

この観点はBtoBだと特に顕著です。現在新サービスを考える際には、一般消費者と自社の2者の関係であることは少なく、バリューチェーンのステークホルダーを含めたKPIツリーを解き明かすことが事業開発の基本になります。

メカニズムが発生しやすいBtoB顧客で考えてみましょう。

新サービスを導入するには次のような理由が考えられるとします。

Ａ：売上増加効果が、導入コストを上回るから
Ｂ：他コスト圧縮効果が、導入コストよりも大きいから
Ｃ：従業員満足度・採用ブランドがあがるから
Ｄ：コロナで不稼働な協業先スタッフの稼働率をあげたいから
Ｅ：販売代理店が、提案サービスの種類を増やしたいから

ｎ１顧客が買うと言っている理由が例えばＣだとすると、同等以上に従業員満足度や採用ブランドに投資している会社はユーザーセグメントとしてとらえられそうですよね。

他にも、潜在顧客や主要ステークホルダーによっていろいろな理由があると思いますが、Ｅのように販売代理店に深く刺さるメカニズムを見つけられれば、売上促進ができるので、ステークホルダー越しに見えてくるユーザーセグメントが対象とできるかもしれません。

これらのメカニズムに関しても、仮説を立ててインタビューを繰り返し、検証していくことが大事なわけです。

このように、マクロな観点でのユーザーセグメントの探索では、ＫＰＩツリーをもとに新サービスのユーザーセグメントを見いだすことができると、そのメカニズムが活きる間は販売し続けられる可能性が高く、事業を持続させる鍵になりえます。

② 競合比較からユニークポイントを探索するアプローチ

次は、顧客起点のアイデアに抜け落ちがちな、競合比較の観点です。

競争戦略でも語りましたが、**どんなに真新しいサービス／プロダクトでも競合は存在すると考えなければなりません。なぜならば、顧客にとっては、時間とお金を使う選択肢の1つに過ぎないからです。**

また、世の中にまったくの新機能は少なく、しっかり探してみると類似機能を提供している競合が存在することがたくさんあります。特に世界中を探せば、先行者はいるものです。

競合を設定できると、新サービスの機能・性能を決める重要な比較軸を洗い出しやすくなります。その比較軸を顧客候補に見せながら、より具体的に新サービスのユニークポイントを定めていくことが大事になります。

これはユーザーセグメントを検証するうえでも、大事な観点です。競合に対する明確なユニークポイントが見えれば、それを求めるユーザーセグメントを定義することができるはずですから。

例えば、競争戦略のところでお伝えした図表19の戦略キャンバスでとりあげた、グランピン

	④競争優位性			⑤事業性	
単価/月	最も強い競合	優位性評価	想定シェア	SOM/年（千円）	注力領域
¥10,000	サービスA	○	30%	¥18,000	
¥10,000	サービスB	○	30%	¥174,960	最優先
¥10,000	サービスA	△	10%	¥58,320	
¥10,000	サービスB	○	30%	¥138,024	優先
¥10,000	サービスA	△	10%	¥3,600	
¥10,000	サービスA	△	10%	¥4,296	
¥10,000	サービスB	○	30%	¥12,888	
¥10,000	サービスA	△	10%	¥1,200	

グと従来のキャンプの比較について考えます。

新サービスであるグランピング事業が、「手間なく使えること」と「ラグジュアリー感があるのに安いこと」では、明らかに狙えるユーザーセグメントは異なってきますよね。

競合と比較しながら価値を具体化できると、そのユニークポイントが刺さる潜在ユーザーセグメントはどこにいるのか、どの程度規模が見込めるかのドメイン選択にもリアリティがでてきます。

競合との比較からユニークポイントをどこに置くか、シンタックスのサービスコンセプトのマクロ部分と競争戦略の競争優位性の部分を何往復もして、最適なユーザーセグメントもしくは課題と競合サービスとのユニークポイント（フックとロック）を探索しきってください。

［図表28］潜在顧客リストの管理票：リモート接客ツールの例

①セグメント		②課題／価値		③市場性	
業種	部門	課題/期待価値	仮説の精度	SAM/年（千円）	対象顧客数
家電メーカー	カスタマーサポート	○	○	¥60,000	500
	マーケ/販促	◎	○	¥583,200	4,860
	EC	○	△	¥583,200	4,860
家電量販店	営業	△	○	¥460,080	3,834
	EC	○	○	¥36,000	300
百貨店	EC	○	△	¥42,960	358
	マーケ/販促	×	○	¥42,960	358
	デジタル	△	△	¥12,000	100

潜在顧客のセグメントを可視化し、事業開発できる体制を組む

顧客起点のサービスコンセプトのデザインには、具体的なｎ１顧客に関する仮説が大本にあるため、ユーザーセグメント考察は、ほぼサービスの潜在顧客についての仮説を検証していくことと同義になります。

具体例として、図表28のようにリモート接客ツールの潜在顧客リストの管理票を、挙げてみましょう。

顧客起点での初期考察では、潜在顧客のユーザーセグメントについての仮説をいくつか出したうえで、そのＳＡＭ／ＳＯＭを大まかに推定していきます。その過程で、ユーザーセグメントごとに課題や対象顧客数などの仮説を立てて、

有望なセグメントから順に顧客ニーズの検証を行っていくことになります。

図表28の項目である、①セグメント、②課題・価値、③市場性、④競争優位性、⑤事業性を順に説明していきます。

①セグメント：

産業区分などの顧客セグメントでわけた上で、購買の意思決定者で区分することが重要となります。これは意思決定者のＫＰＩツリーに刺さるものなのか、の仮説をこの潜在顧客リストの管理票を使って検証していくためです。

②課題・価値：

ここは、意思決定者のＫＰＩツリーのどこに刺さるかの仮説とそのインタビュー検証を行っていくことで、求められている強い課題・価値を見いだし、その受容性を○△×で評価していく列になります。

③市場性：

通常の売上のフェルミ推定を行うパターンの場合もありますが、ここは、先ほどの議論のメカニズムごとに計算式は変わるので、その点を加味して計算する必要があります。

計算例：コロナでの不稼働スタッフの稼働率ＵＰ効果だとすれば、店舗数×販売員数×

不稼働率×単価など

④競争優位性：
ユーザーセグメントを細分化していく中で、各所における競合サービスは違うものになる可能性もあるので、それごとに何が理由で選ばれるか、の仮説とその強さを評価していく必要があります。

⑤事業性：
実際に獲得し得る売上予想の箇所です。この獲得予想売上に対して、該当ユーザーセグメント獲得にかかる開発コスト他の投資額のバランスを見て、今後の投資妥当性を評価します。

この潜在顧客リストの管理票を検証し、不確実性を減らしていくことが、最重要な事業開発ミッションであり、この顧客起点のサービスデザインの要点となります。

サービスデザインのチェックポイント

バリューデザイン・シンタックスを通じたサービスデザインの方法論全体をお伝えしてきました。早くご自身のサービス仮説を磨き上げる考察に入りたい状態ではないでしょうか。

本書を通して、全体感を持てたタイミングで1つ注意があります。

これまでの経験や観測上、一度たりとも想定どおりに仮説検証が進んだことがないのです。つまり改めて、新規事業は不確実性のオンパレードです。

ここからは、BTCチームでサービスデザインをするにあたって、「PJ組成・設計フェーズ」と「サービスデザインフェーズ」でそれぞれ注意すべきチェックポイントを3つずつお伝えしていきます。

これらを意識できることで、成功確度がさらに上がるはずです。

プロジェクト初期の3つのチェックポイント

プロジェクト初期、つまりチームを組成し、大きなイシューを決めつつ、そのイシューの解き方とプロジェクトの進行を決める段階で大事なチェックポイントは以下の3つです。

①仮説構築⇕検証を数回行き来する前提でWBSを組む
②BTCを集め、5分間でクイックに論点を出し合う
③Tech人材を初期から参加させる

順に説明します。

①仮説構築⇕検証を数回行き来する前提でWBSを組む

最初の落とし穴は、WBS※をガチガチに組みすぎて、考察の行き来の自由度が下がることで

※WBS（ワーク・ブレークダウン・ストラクチャー）：「作業を分解して構造化する」プロジェクト管理の手法のこと。測定可能なタスクを明確に定義し、プロジェクトの見積もりやスケジュール管理の精度を高める

す。

この落とし穴に落ちないためには、仮説構築と検証を行き来するための2回目の時間を先に組んだＷＢＳを書くことが大事です。

そして「行き来は2、3回」として、やりすぎないと決める必要があります。

そのうえで、時間を有効に使うために仮説のまま早く進めていくことを意識するプロジェクトの進め方を志向しましょう。

②ＢＴＣを集め、5分間でクイックに論点を出し合う

次は、初期アイデアレベルの段階でのＢＴＣ思考の偏重という落とし穴を避ける方法です。ＢＴＣが集まってまずは初期コンセプトを共有し、5分間だけ個々人が考えてみて、自分だったらここを深掘りする、というサービスデザインの方法について、互いの意見を交わすことが非常に効果的です。

③Tech人材を初期から参加させる

Tech人材が参加しないサービスデザインは、2つの問題を抱えます。

・技術実現性軸があいまいになることで、サービスのコアそのものが弱い

・開発／実行メンバーに納得感がなくコミットが低くなる
そのためできるだけ初期から、Tech人材を20％でもアサインするべきなのです。

そして、Techが初期フェーズに参加する最高なパターンは、途中でコアバリューが見えた（気がした）ときに、「1週間ちょうだい、ここは作っちゃって試したほうが早いから」と言い出せることです。これに勝るスピードはありません。

サービスデザ全体のデザインフェーズの3つのチェックポイント

次にサービス全体をデザインしていくフェーズでの3つのチェックポイントです。

①ユーザー受容性の検証は、Biz人材とCreative人材の2人で行う
②一次情報に全員が触れて、ソリューションを考える
③全議論をステップバックできるようにアーカイブする

順に説明していきます。

①ユーザー受容性の検証は、Biz人材とCreative人材の2人で行う

インタビューなどの検証の際に、多くの場合は次のような偏りが起きがちです。

B寄り：仮説ありきで検証しすぎる ⇕ C寄り：オープンに検証しすぎる

だからこそ**「チームでバランスをもって行うべし」**です。**1人で収束と発散をするのは難しいものです。ピュアな右脳人材と左脳人材で役割をわけること**が有効です。

②一次情報に全員が触れて、ソリューションを考える

サービスデザインのフェーズでのよくある落とし穴は、**シンタックスに書きこんだまとめ情報だけ共有すること**です。ここは、絶対にインタビュー動画などの一次情報にまで全員が触れた状態で、ソリューションアイデアだしをしなければなりません。

「あのときのインタビューで、あの男性がこんなニュアンスで言ってたやつは……」といった会話が成り立たないといけません。チームの全員が、一次情報にしっかり触れて、課題やビジョンへの共感度を上げることが大事になってきます。

③全議論をステップバックできるようにアーカイブする

共感を持てたチームでも、時間が経つとともに共感のズレは必ず起きます。その際には**再度一次情報を一緒に見ながら、「そもそも」とか「本質」などの言葉が出る議論時間を定期的に取る**必要があります。

いつでも立ち返ってピボットできる状況を作るためにも、どこからズレていたのか考察できるように、すべての議論をMiroのようなホワイトボードツールなどに保存し、ステップバックできる状態にしておくことが、あとあと大事になってきます。

正解のない不確実性が支配する世界での考察なので、いつでも立ち返る可能性を考慮しておくことが大事です。

プロダクト開発の開始条件

ここまで、バリューデザイン・シンタックスを埋めながら行うサービスデザインの全体感がつかめてきたかと思います。

この本の最後のコンテンツになりますが、**プロダクト開発にどう入っていくのか**、を確認していきましょう。

プロダクトを創る際の意思決定は、ＢＴＣのどこかに偏った決定で進めてはいけません。

これまで積み上げてきたサービスデザインの内容を振り返りつつ、図表29に挙げた6つの条件を確認したうえでプロダクト開発に入りましょう。シンタックスの各フェーズに沿って６つの条件をクリアしているのか、をチームで指さし確認します。

このときすべて１００点であることは難しいので、どこが仮説として弱いかを目線合わせした上で、プロダクト開発に入っていきましょう。

もし残論点が、サービスデザインの部分にあれば、顧客ニーズを検証するための初期プロダクトになり、競争戦略の仕組みと持続戦略にあれば、ビジネスの成立条件までを想定した初期

［図表29］プロダクト開発開始の6つの条件

サービスコンセプト	マクロ	☑「この規模なら事業になりそう」と確信できるほど、市場性の調査ができているか
	ミクロ	☑「あるある」を言えるほどリアリティを感じるレベルで市場性の探索ができているか
競争戦略	競争優位性	☑ BTCのどの優位性で戦うかが明確かつ勝算があるか
	仕組み	☑ 有効かつ実行可能なパートナー・組織体制・提供方法が定義されているか
	持続戦略	☑ 事業成立/持続に必要なマネタイズ方法や情報資産集約方法が見えているか
利益構造	収支モデル	☑ 単月黒字/リクープまでのロードマップと意思決定マイルストーンが明確か

プロダクトを創ることになります。

ユーザーストーリーマップによる合意形成

そしてBTCがそれぞれデザインしてきた結晶としてプロダクトを創ることになり、ここで「BTCの掛け算」が最も求められるタイミングを迎えます。

プロダクト開発のゴールは、顧客価値の明確な定義と合意です。**ユーザーストーリーマップ**※**の形で「BTCが全員で価値達成状態の合意」をとることが有効**です。

顧客価値において明確な言語でBTC全員の共通認識を作ることで、検証・実証の内容を、

※ユーザーストーリーマップ：時系列で洗い出した顧客行動と、商品／サービスに求める価値を整理し、それを実現するために必要な機能を優先順位順に配置したもののこと

全員で目線を合わせ続けるためのハブにします。これは、今後拡大していくチームの中でも共通見解として機能するモノにしなければなりません。

その目線合わせができたうえで、Tech／Creative人材中心でプロダクト開発、Biz人材中心にビジネス開発と分担していく形になりますので、立ち返る場所としてユーザーストーリーマップが最重要のハブとなることを強く意識してください。

では図表30のユーザーストーリーマップについて、考察の進め方を見ていきましょう。

ユーザーストーリーマップでは「誰が、どんな機能・便益を、どんなときに使うのか」の全体像が視覚的に見やすく、表現します。

これを書いていくためには、3ステップが存在します。

①たたき台作成＋BTCが各視点でユーザーストーリーを提起
②ユーザーストーリー定義＋優先順位の決定
③初期プロダクトのカバー範囲を決定

[図表30] ユーザーストーリーマップ

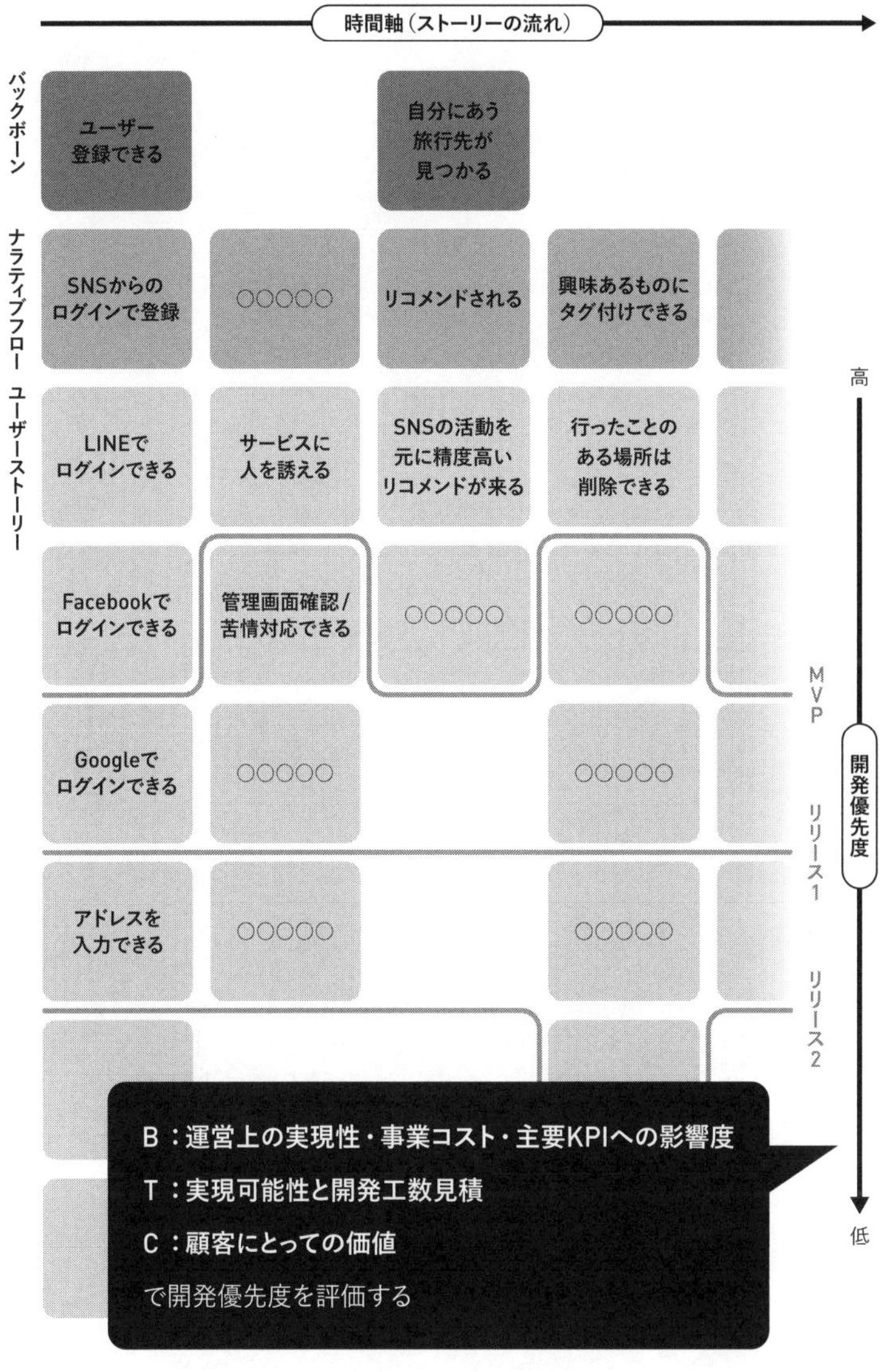

時間軸（ストーリーの流れ）
バックボーン
ナラティブフロー
ユーザーストーリー
ユーザー登録できる
自分にあう旅行先が見つかる
SNSからのログインで登録
○○○○○
リコメンドされる
興味あるものにタグ付けできる
LINEでログインできる
サービスに人を誘える
SNSの活動を元に精度高いリコメンドが来る
行ったことのある場所は削除できる
Facebookでログインできる
管理画面確認/苦情対応できる
○○○○○
○○○○○
Googleでログインできる
○○○○○
○○○○○
アドレスを入力できる
○○○○○
○○○○○
MVP
リリース1
リリース2
高
開発優先度
低
B：運営上の実現性・事業コスト・主要KPIへの影響度
T：実現可能性と開発工数見積
C：顧客にとっての価値
で開発優先度を評価する

① BTCが各視点でユーザーストーリーを提起

全体像がないと各自が考察し難いので、ユーザーストーリーマップの全体像のたたき台を1人が作ります。ここでは、サービスデザインで見えてきた最大のコアとなる提供価値をもとにその価値にたどり着くためのバックボーンとナラティブフローを書き、その下にユーザーストーリーを並べていきます。

バックボーン：ストーリーの骨格

例：「ユーザー登録できる」「自分にあう旅行先が見つかる」

ここはサービスのコアな価値であり、投資決定者まで全員で握る領域です。

ナラティブフロー：ストーリーの流れや前後関係

例：旅行先リコメンドの前に、SNSからの登録がないとサービスに入れないサービスの前後関係を意識して体験の流れを描きます。

ユーザーストーリー：ユーザーの言葉で書かれた要件。ユーザー視点で価値を生み出す単位

例：「ソーシャルログインできる」「サービスに人を誘える」

BTCそれぞれの観点で、何ができる価値なのかを書きます。

そのバックボーン、ナラティブフローとともに、ユーザーストーリーを優先順位が高い順に上から並べていきます。

このたたき台は、ユーザー価値が実現できている状態として定義するため、スキルセット的にCreative人材がたたき台を作ることが多いですが、もちろん誰がたたき台を作っても良いです。

そのたたき台をもとに各自が以下の視点で、ユーザーストーリーを加筆・修正していきます。

B：事業起点で、価値を最大化、もしくは持続可能にする切り口

T：技術起点で、理想的な価値を実現する切り口

C：顧客起点で、体験の理想的な姿を想定する切り口

ここまでは、別々に考察してMiroなどの共有ツールで貼ったものをもとに集まり、②に入っていきます。

②ユーザーストーリーの優先順位を決定

②では、全員でひざを突き合わせて、ユーザーストーリーそれぞれの優先順位を議論します。ここでも、優先的にやるべきものは、ＢＴＣそれぞれ次のような視点の総合評価であるべきです。

Ｂ：運営上の実現性・事業コスト・主要ＫＰＩへの影響度
Ｔ：実現可能性と開発工数見積
Ｃ：顧客にとっての価値

これらの視点で、しっかりと議論を行い、上下の位置を固めていきます。この議論には必ず

チーム全員が加わりましょう。

できれば、そのあとの事業開発・プロダクト開発に関わる予定の今後のメンバーにも見せられるように動画撮影をしたほうが良いです。

③ 初期プロダクトのカバー範囲を決定

そして最後に、③に入ります。

上から順に優先順位が高いユーザーストーリーの中でどこからどこまでを初期リリースで行い、その後のプロダクトロードマップとしてどの順番で下に広げていくのか、を決めていきます。

この際、優先順位が高いものから行えば良い、という単純な方法ではなく、各リリースの時点で何を実証していくかを、次のように選定するようにしましょう。

ＭＶＰ：顧客が習慣的に利用するか、を実証する
↓実証されたら、課金ポイントを作って次へ
リリース１：課金に至るユーザーが〇〇％存在するか、を実証する

↓実証されたら、攻めの広告も打ち事業成立実証へ
リリース2：脱落率と顧客獲得単価を含め事業成立するか、を実証する
↓実証されたら、思いっきりアクセルを踏んでスケールフェーズに

リリースごとの大きな検証ステップを意識しながら、そのときに必要なプロダクトが持つべき機能をユーザーストーリーから選定するように決定していきましょう。

覚悟を決めて最小価値を創る

そして最後の最後に、プロダクト開発に入るタイミングの注意点をお伝えします。

サービスの全体像が見えてくると、どうしても一部の機能だけを抜き出して、深掘りして創りたくなるものです。

図表31のように**「イクリメンタル（積上）プロセス：最終サービス（トラック）の一部を想定して、プロダクトを創る」形で進めてしまう**のです。

最終プロダクトのイメージがあるからには、一部は最終プロダクトへの活用を想定しながら初期開発をしていく形で、インクリメンタル（漸進的）プロセスと呼ばれます。

［図表31］MVP検証の基本：イテレーティブプロセス

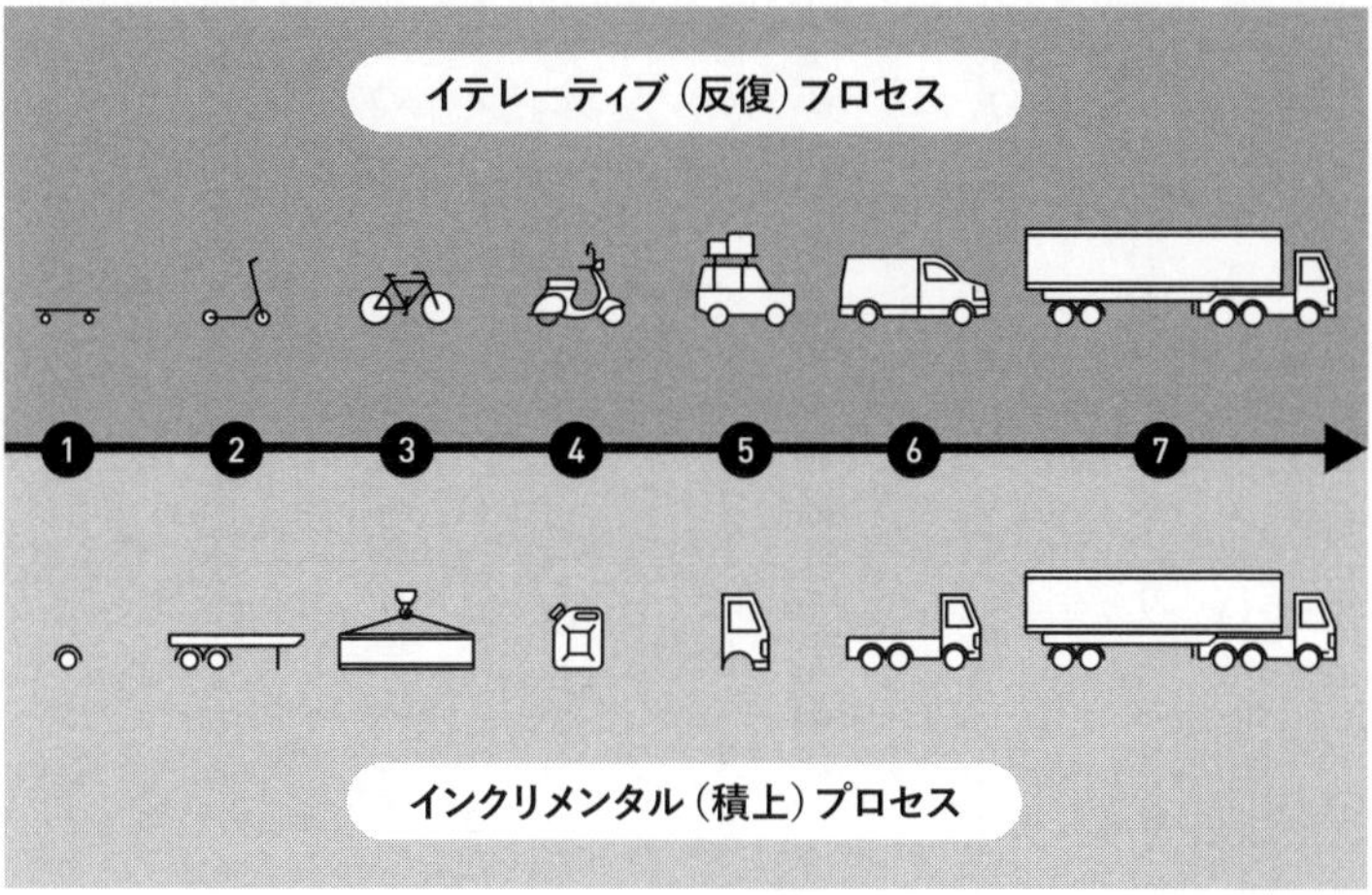

この場合、一部の機能だけの検証しかできないため、サービス全体が提供する価値のPoCができません。

ここで大事なのは、図の上のパターン**「イテレーティブ（反復）プロセス：顧客価値があり利益を生み出せる最小限のプロダクト（MVP）を創る」形で進めるのが成功への道**です。MVPによる検証の基本でイテレーティブ（反復的）プロセスと呼ばれます。

トラックを創る前提で、人が乗って移動することに人は価値を感じるか、という最小価値を検証するためには、最終プロダクト（トラック）にはまったく関係のないMVP（スケボー）を創って、顧客受容性などを評価していく方法です。

多くの企業では業務委託でプロダクト開発す

ることも多く、既存事業でのシステム開発投資に慣れており、資産計上して数年で償却するような投資判断の形で過ごしています。そうすると、どうしても捨ててしまうかも、という前提のMVP開発的投資の意思決定をするのが難しいものです。

そのうえ、新規事業を進めているチームはサービスを信じており、MVPがどうであったかにかかわらず、そのまま本開発に入っていきたい力学が発生するため、大多数のパターンでインクリメンタルプロセスを志向していきたくなるものなのです。

しかし、**「イテレーティブプロセス」**スタンスをとらなければ、サービス全体の価値に確証を得られずに部分の検証を積み上げることを進めることになってしまうのです。

反復のためには、ユーザーストーリーマップの中でMVPの範囲を決める際に**「顧客がお金を払うポイントまでを検証するために、必要な最小のユーザーストーリーはこの範囲だ」**という決め方をすることが大事になります。

その点を押さえつつ、資産計上など大型開発案件として扱われないレベルの予算でできるMVPのスコープを定める努力をすることが重要となります。

ここでの最小価値定義が、リーンスタートアップなプロジェクトが成功するかの分水嶺になるので、こここそBTCの全員で違和感がなくなるまで議論しきって決めていきましょう。

ここまで、異能の掛け算とその方法論を語ってきました。

- **Biz／Tech／Creativeの異能**
- **不確実性を下げ、確信と確証を得ること**
- **始動する→無知の知を至る→確信と確証を得る**
- **子供の自由さ・大人の教養・異能の掛け算**
- **デザインとプロトタイピング**
- **バリューデザイン・シンタックス**

さまざまな視点・視野をお伝えしてきました。これらを知ったことは大事な一歩目ですが、一歩目でしかありません。価値創造は、知ることよりも動いてみることでしか血肉にならないのです。

本書は、みなさんが夢中で創るためにつくられたツールです。覚えておこう！　ではなく、ぜひ子供のような自由さで、何か具体的な動きを始めてから、この本を閉じてください。

あなたが価値創造に夢中になる世界の１人になり、それが伝播していくことを願ってやみません。

おわりに

毎回そうなのですが、本を書いたあとは、やたらアウトプットを繰り返したあとだからか、人生を振り返ってしまいます。

今回は、「仕事や恋愛や友人関係など、人生に影響のある判断をするタイミングでは必ず、自分とまったく違う考え方や行動をする異能の人にひかれ、直感的な判断に身を任せてきた」ことにふと気づきました。

Biz人材出身の私の頭の構造は、確証側の論理思考なのに、自身の人生の大きな意思決定は確信側の直感によっている。これまでの人生で、「異能との掛け算ができると、楽しいことが待ってる」と実感しているのでしょう。

そして、異能の群れに潜入したら、1年くらいはやたらと観察ばかりして過ごします。そのくらい経つと、人と異なる部分との差異から自分自身についてのメタ認知が進みます。

そうすると、他の異能と気持ちよく動くための型に、確証が得られて動きやすくなります。

このプロセスは、それまでの自分の常識や価値観を手放さなければならない「アンラーニング」のタイミングがあり、強い痛みを伴います。

（ご興味ある方は『U理論——過去や偏見にとらわれず、本当に必要な「変化」を生み出す技術』という書籍を参照してみてください）

そのプロセスの先に行ったとき初めて、それまでの自分では絶対に見られなかった景色を見ることができるのです。このような経験こそが人生の豊かさだ、とすら思います。

「新しい景色」を見いだそうとする人にしか、新しい価値を創って世界に届けることはできない。

この本『異能の掛け算』には、そんな意味を込めたのだなぁ、と感じるに至りました。

もう1つ真理だと感じるのは「努力は夢中に勝てない」ということです。

私は集中力の研究をしていましたが、結果として集中力が高い人は夢中になって好きなことをやっていました。

新規事業家で成功している人は、絶対に楽しそうにおもしろそうに事業を語ります。夢中になれる人が、新規事業を創るのに向いている。これは言い切ってもいいと思います。「はじめに」で語ったマンダラチャートを書いてから3年間、「夢中になって新規事業を創るためには、何が必要か」を考えてきました。

そこで出会ったのが、「誰もが価値創造に夢中になれる世界」をビジョンとするSun Asteriskの面々でした。

そして、その「Sun Asteriskの異能たちと井上の掛け算」で生まれたのがこの本です。

この本の内容をBTCで議論しながら強く感じ続けたのは、新規事業を創るためには、**「全員が自分の得意に夢中になり、仲間の得意を尊敬し、ビジョンに共感するチーム」**が1つの答えだということです。

Sun Asteriskは、ワンピース的というか、アベンジャーズ的というか、オーシャンズ11的というか、無茶苦茶すごい長所とともに短所も併せ持つ人たちが、補完しあって動いている組織です。

その中で、Bの井上が尊敬してやまないのは常にTとCの人ですし、スキルセットが違うのに見ている夢が一緒という最高なシナジーは、そのプロセス自体を目的化できるほどの幸せを感じます。

みなさんもこの本を羅針盤として、そんな仲間を集め、新規事業の航海に夢中になってもらえたら、それに勝る喜びはありません。

一方で私やSun Asteriskにとって、もっと大きな野望があります。

Sun Asteriskは10年前から、ＢＴＣが集まるギルドを作るうえでボトルネックになるのが、アプリケーションエンジニアだと先読みして、ベトナムを中心とする東南アジア地域で人材教育から着手し、２０２２年現在では東南アジアだけでも１５００人程のエンジニアがビジョンに賛同して参画していることに大きな特徴があります。

日本で働きたいと思ってくれる超優秀な異国の人材がまだいるこのタイミングで、なんとか日本の価値創造を強力に支えるギルドを創るという挑戦をしているのです。

このSun Asteriskというギルドを強くすることで、価値創造の量と質を無茶苦茶増やすことができれば、新しい価値が生まれまくって、日本が、世界が元気になる。

そんな**「誰もが価値創造に夢中になれる世界」**を創ろうとしているSun Asteriskにご期待ください。

謝辞

本を書こうと思い立ったのは、２０２１年４月Sun Asterisk代表の小林泰平さんと初めて会った日に「この組織の取り組みや文化は、言葉にして世に届けたほうが良い」と話したときなので、そこから1年半かかってしまいました。

リーンスタートアップの世界に身を置く立場としては、時間がかかり過ぎてしまいました……が、そのくらい試行錯誤が必要で、だからこそ生まれた結晶だと自信を持って言えます。

Sun Asteriskの中でも、幅広い経験を持つ次のメンバーたちと白熱した議論を尽くしてきました。

Biz：堀 雅彦、持原 芳尉、梅田 琢也

Tech：船木 大郎、小林 泰平

Creative：南 慶隆、竹本 慶太郎、石塚 賢

例えば、最初のころは「考察方法をすべてステップにわけ、ステップごとにBTCが必要な振る舞いやHow toを語っていく形」でいこうと議論していたのですが、そもそも想定どおりステップが進む性質のものだとミスリードを生んでしまう、という話になり、イチからやり直したりもしました。

膨大な試行錯誤のあとが残るMiroをお見せしたいくらいです（笑）。

それでも、先のメンバーはすべての議論を本気で楽しんで結晶化していってくれました。また途中からは、武蔵野美術大学の山﨑先生との共同研究チームや、多くのゼロイチのカルチャーを創ってきた企業の方々との議論を通じて、チーム論をまとめることができました。深く感謝しております。

しかし、何よりこの本を支えているのは、Sun Asteriskを信頼して新規事業開発をご一緒させてくださった企業のみなさんと夢中に創ってきたプロダクトとそのノウハウです。

1年前からSun Asteriskに潜り込んで研究をしてきた私としては、価値創造に関わったすべての関係者に強い敬意と感謝の想いを感じるプロセスでした。

そして本の出版の決定や編集をしてくれた中島洋一さんに、最高に感謝しています。中島さんとは3年ほど前に取材してもらった際にも、すごく共感し合えたのですが、昨年末に再会し、この本のコンセプトや異能との仕事の意義に共感してもらったことが、この本の始まりでした。

中島さんとお仕事ができて良かった。ここにも異能の掛け算があったと強く感じています。

Sun Asteriskメンバーだけでは一般的にわかりやすい内容に言語化しきれていない中、中島さんの一般化する能力と俯瞰する能力に助けられ、広く多くの方に意味を伝えられる書籍に昇華することができました。

井上個人を形成する経験をくれたアーサー・D・リトル、JINSのみなさんや学生時代からの友人たち、両親にも感謝します。

この本に留まらず、みなさんや社会に返せることを着実に積み上げていこうと気持ちを新たにしています。

2022年9月4日　井上一鷹

参考文献

1章

宇田川元一(2019)『他者と働く』NewsPicksパブリッシング
エイミー・C・エドモンドソン(2018、2021 野津智子 訳)『恐れのない組織』英治出版
田渕直也(2016)『不確実性超入門』ディスカヴァー・トゥエンティワン
斉藤徹(2021)『だから僕たちは、組織を変えていける』クロスメディア・パブリッシング
ランダル・ストロス(2012、2013 滑川海彦/高橋 信夫 訳)『Yコンビネーター』日経BP

2章

佐宗邦威(2015)『21世紀のビジネスにデザイン思考が必要な理由』クロスメディア・パブリッシング
田川欣哉(2019)『イノベーション・スキルセット』大和書房
リンダ・A・ヒル(2014、2015 黒輪篤嗣 訳)『ハーバード流 逆転のリーダーシップ』日本経済新聞社
リンダ・A・ヒル(2015、2016 飯野由美子 訳)『グーグルを成功に導いた「集合天才」のリーダーシップ』ダイヤモンド社
エド・キャットムル(2014、2014 石原薫 訳)『ピクサー流　創造するちから』ダイヤモンド社
ロベルト・ベルガンティ(2017、2017 八重樫文/安西洋之 訳)『突破するデザイン』日経BP
エツィオ・マンズィーニ(2019、2020 安西洋之/八重樫文 訳)『日々の政治』ビー・エヌ・エヌ新社
ロビン・ダンバー(2010、2011 藤井留美 訳)『友達の数は何人?―ダンバー数とつながりの進化心理学』インターシフト
ダニエル・コイル(2018、2018 楠木 建/桜田直美 訳)『最強チームをつくる方法』かんき出版
ピーター・M・センゲ(2010、2011 枝廣 淳子 訳)『学習する組織』英治出版
クレイトン・M・クリステンセン(1997、2001 伊豆原弓 訳)『イノベーションのジレンマ』翔泳社
エリック・リース(2011、2012 井口耕二 訳)『リーン・スタートアップ』日経BP
エリン・メイヤー(2014、2015 田岡恵/樋口武志 訳)『異文化理解力』英治出版
チャールズ・A・オライリー(2016、2022 入山章栄/渡部典子 訳)『両利きの経営』東洋経済新報社

3章

麻生要一(2019)『新規事業の実践論』NewsPicksパブリッシング
守屋実(2021)『DXスタートアップ革命』日本経済新聞社
田所雅之(2020)『起業大全』ダイヤモンド社
田所雅之(2017)『起業の科学』日経BP
北嶋貴朗(2021)『新規事業開発マネジメント』日本経済新聞社
濱口秀司(2019)『SHIFT イノベーションの作法』ダイヤモンド社
川口 盛之助(2007)『オタクで女の子な国のモノづくり』講談社
ソシオメディア株式会社、上野学、藤井幸多(2020)『オブジェクト指向UIデザイン』技術評論社
山中俊治(2021)『だれでもデザイン 未来をつくる教室』朝日出版社

ブックデザイン　小口翔平＋阿部早紀子＋須貝美咲（tobufune）
図版・イラスト　久須美はるな
本文ＤＴＰ　朝日メディアインターナショナル
校正　鷗来堂
営業　岡元小夜、鈴木ちほ、多田友希
事務　中野薫、小森谷聖子
編集補助　的場優季
編集　中島洋一

著者

井上一鷹

大学卒業後、戦略コンサルティングファームのアーサー・D・リトルに入社。大手製造業を中心とした事業戦略、技術経営戦略など新規事業立案に従事する。2012年、JINSに入社。商品企画、R&D室JINS MEME事業部マネジャー、Think Lab取締役を経て、JINSの執行役員を務める。JINS退社後、Sun Asteriskに入社、Business Development Unit Manager。著作に『集中力』(日本能率協会マネジメントセンター)、『深い集中を取り戻せ』(ダイヤモンド社)がある。

監修

Sun Asterisk

Biz　堀 雅彦、持原 芳尉、梅田 琢也、井上 一鷹

Tech　船木 大郎、小林 泰平

Creative　南 慶隆、竹本 慶太郎、石塚 賢

Special Thanks

顧客企業などSun Asteriskに関わるみなさん

西谷 翔太、加藤 彰紘、三輪 博之、西田 衣織、加藤 聖奈、

施 学琴、酒井 林太郎、古川 亮太朗、須賀 祐介、西橋 京佑、

金子 穂積、神谷 憲司、水上 夏希、小池 祐介、長田 拓也、矢田部 響子、

遠藤 和真、廣田 智大、矢島 祐樹、香川 弘樹、福田 哲也、石川 マーク健、

石綿 優士、青木 洋、生井 勇祐、寺田 高明、佐藤 圭、谷畑 朋美、

木嵜 雅也、片岡 拓也、小野島 一帆、早川 大貴、服部 裕輔

林 誠一郎

異能の掛け算
新規事業のサイエンス

2022年10月28日　第1刷発行

著者　井上一鷹
監修　Sun Asterisk
発行者　金泉俊輔
発行所　株式会社ニューズピックス
〒100-0005 東京都 千代田区
丸の内2-5-2 三菱ビル
電話　03-4356-8988
※電話でのご注文はお受けしておりません。
FAX　03-6362-0600
下記のサイトよりお願いいたします。
https://publishing.newspicks.com/
印刷・製本　シナノ書籍印刷株式会社

ISBN 978-4-910063-23-2
本書に関するお問い合わせは下記までお願いいたします。
np.publishing@newspicks.com

希望を灯そう。

NEWS PICKS
PUBLISHING

「失われた30年」に、
失われたのは希望でした。

今の暮らしは、悪くない。
ただもう、未来に期待はできない。
そんなうっすらとした無力感が、私たちを覆っています。

なぜか。
前の時代に生まれたシステムや価値観を、今も捨てられずに握りしめているからです。

こんな時代に立ち上がる出版社として、私たちがすべきこと。
それは「既存のシステムの中で勝ち抜くノウハウ」を発信することではありません。
錆《さ》びついたシステムは手放して、新たなシステムを試行する。
限られた椅子を奪い合うのではなく、新たな椅子を作り出す。
そんな姿勢で現実に立ち向かう人たちの言葉を私たちは「希望」と呼び、
その発信源となることをここに宣言します。

もっともらしい分析も、他人事のような評論も、もう聞き飽きました。
この困難な時代に、したたかに希望を実現していくことこそ、最高の娯楽《エンタメ》です。
私たちはそう考える著者や読者のハブとなり、時代にうねりを生み出していきます。

希望の灯を掲げましょう。
1冊の本がその種火となったなら、これほど嬉しいことはありません。

令和元年
NewsPicksパブリッシング 編集長
井上 慎平